大学记

哈尔滨开放大学 2021 版

主　编　林国峰　关龙艳
副主编　方　圆　王　岩
编　委　王景琦　张　宏　陈　妍

国家开放大学出版社·北京

图书在版编目（CIP）数据

大学记：哈尔滨开放大学：2021 版 / 林国峰，关龙艳主编 . —北京：国家开放大学出版社，2021.10（2022.12重印）
ISBN 978-7-304-11016-1

Ⅰ. ①大… Ⅱ. ①林… ②关… Ⅲ. ①开放大学—介绍—哈尔滨 Ⅳ. ① G724.82

中国版本图书馆 CIP 数据核字（2021）第 216466 号

版权所有，翻印必究。

大学记：哈尔滨开放大学 2021 版
DAXUE JI: HA'ERBIN KAIFANG DAXUE 2021 BAN
主编　林国峰　关龙艳

出版·发行：国家开放大学出版社
电话：营销中心 010-68180820　　总编室 010-68182524
网址：http://www.crtvup.com.cn
地址：北京市海淀区西四环中路 45 号　邮编：100039
经销：新华书店北京发行所

策划编辑：尤丽娜　　　　　**版式设计**：何智杰
责任编辑：尤丽娜　　　　　**责任校对**：吕昀豁
责任印制：武　鹏　马　严

印刷：廊坊十环印刷有限公司
版本：2021 年 10 月第 1 版　　2022 年 12 月第 3 次印刷
开本：B5　　　　　　　　　　印张：13.25　字数：282 千字

书号：ISBN 978-7-304-11016-1
定价：23.00 元

（如有缺页或倒装，本社负责退换）
意见及建议：OUCP_ZYJY@ouchn.edu.cn

我们正处于不断学习、永远学习的时代，每个人都要终身学习，所以要抓住这个时间打好基础，否则很快就会坐吃山空。

——习近平

国家开放大学
THE OPEN UNIVERSITY OF CHINA

敩学广惠　有教无类

校 歌

岁月不居 时节如流 向梦而行 再谱新篇
——校长寄语

亲爱的同学们：

大家好！

今天，你们来到哈尔滨开放大学，成为这所校园的新主人。我谨代表哈尔滨开放大学全体师生，对你们的到来表示热烈的欢迎！

哈尔滨开放大学是一所以习近平新时代中国特色社会主义思想为指导，以立德树人为根本任务，以促进全民终身学习、推进学习型社会建设为根本办学宗旨的高等院校。它通过现代信息技术，利用"一体化、一站式"的远程教育网络平台，集聚优质资源、实现全社会优质资源共享，提升学校人才培养质量和水平，为学习型社会建设提供重要支撑。学校正向着建设中心城市一流开放大学的目标稳步迈进。

同学们，这里将是你们人生旅途的加油站、是事业腾飞的助推器，希望通过两年半的学习，大家可以学到丰富的知识，获得更高的提升，养成终身学习的习惯，为今后的人生道路打下坚实的基础，留下美好的回忆，成为你们人生道路上的又一重要里程碑。

在这里，我给大家提四点希望：

一、希望你们发现内心的渴望、明确求索的方向

利用好哈尔滨开放大学这个平台，要让哈开大成为你们梦想的新开端和奋斗的起跑线。要发挥主体性，塑造自我、发展自我、完善自我，做新时代的主人。要筑牢信仰之基、补足精神之钙、把稳思想之舵，努力发现生命的意义与价值并选择有意义与价值的人生，主动将个人发展与社会需要紧密联系在一起，把人生梦想汇入时代洪流，让蓬勃人生与家国情怀共振。

二、希望你们爱上终身学习，实现榜样的传承

春华秋实六十载，哈尔滨开放大学涌现了一批又一批终身学习的楷模，成为学校乃至学习型城市终身学习的文化符号，成为终身学习者的精神家园。希望你们能够在这里感受到"终身学习、奋斗不息"的校园氛围，浸润哈尔滨开放大学的"奋斗、让人生精彩"的奋斗者文化，提升终身学习者的"价值力"，提高终身学习的"影响力"，提速终身学习的"续航力"，提质终身学习的"向心力"，提供终身学习的"凝

聚力",提振学习型社会的"号召力",在榜样力量的感召下不断传承,不断传递,不断传播,不断奋进!给我们这所城市的未来注入希望,为城市的发展带来源源不断的生机与动力。

三、希望你们玉汝于成,实现能力的跃迁

首先是提高主动性,培养自主学习的能力。作为开放教育的学生,你们在学习的过程中,可能会遇到时间冲突、工学矛盾、家庭负担等现实问题,也可能会产生信心不足、动力不强等畏难情绪。但越是面临困难越需要理想和信念的坚守,越困难越需要奋斗精神和奋斗意志。希望你们做好时间管理,不松懈、不虚度;希望你们自律、自觉、自信、自强,坚守科学精神、恪守学术道德、严守治学规范、笃守研究兴趣,志存高远、奋发图强,用自律创造自由,最终成为你想成为的那个人。

其次是培养创新性,让自己的学习和生活更有新的变化。开放和创新是学校的办学特色和发展理念。希望你们身在开大,学其根,得其魂。你们要培养创新意识、激发创新思维、开展创新活动,以发现的眼光、开放的心态、探索的勇气,在学校通识教育、专业教育和思政教育的深度融合中,不断强化对新知识、新方法的建构,加快形成广博深厚的知识结构、融会贯通的思维方式,弘扬科学精神、担当社会责任,不断攀登学业与事业的高峰。

四、希望你们拥抱新的集体,培养合作意识

哈开大集体最大的特点就是海纳百川、兼收并蓄。不同职业、不同习俗、不同年龄的同学相聚在一起,要尊重和理解个性差异,学会包容、学会换位思考,营造一个平等交流的校园文化氛围。要主动悦纳自己、欣赏他人、热爱集体、融入社会,成己达人、修身尚善。在充分尊重个性差异的同时,树立合作学习的意识,培养同学感情,推动成果共享,实现合作分享,扩大交际圈,活出新模式。希望你们互相扶持、团结协作、携手进步,通过几年的学习生活实现学历提升、知识增长和个人价值的升华,成为哈尔滨开放大学终身学习的典范。

同学们,新的画卷已经展开,只待你们挥墨泼彩,希望你们不负韶华、不负时代,以梦为马、以汗为泉,勇于探索、敢于突破;在热爱中求索、在担当中历练、在交往中成长,用拼搏凝聚梦想能量、用奋斗绘就人生色彩,在实现中华民族伟大复兴的征程中书写无愧于时代的壮丽篇章。

2021 年 8 月

前 言 PREFACE

当莘莘学子满怀憧憬和向往步入象牙塔时，多少迷茫，多少困惑，需要明灯，需要指引。这本书便是要沿着大学脉络，带着你边看边学，领着你边想边写，伴着你边听边记，引着你边感边悟。帮助你快速认识大学、轻松记录大学、从容应对大学、深刻感悟大学，就是这本书最大的价值。

它不仅仅是一本书，也是一本大学学习和生活指南。本书以时间为线索，以大学生涯为主线，涵盖了大一新生必经的20个学习和生活经历，关于学习、关于认知、关于娱乐、关于生活，承载了大一新生很多必做与必想之事。本书包含精品导读、案例教学、任务下达、经典图书、电影推荐等内容，力求轻阅读，提倡静与思，引导多动笔，力求成为大学生入学的一本最简洁、最有效的行动指南书。

它不仅仅是一本书，更是一本自我行动笔记本。你可以用自己的双手对这本书进行创造和创新。这本书属于你，也属于你的同学、你的老师、你的朋友。大家可以在你的大学记中修改、记录、分享，这些定会让你保留一份深厚情谊与美好回忆。这是你分享大学生活的一本书，这是你给未来回忆的一本书，希望在这本《大学记》越积越厚的同时，你的大学回忆也越累越丰富。

它不仅仅是一本纸质书，还是一本现代科技与传统阅读结合的书，更是一种全新的大学生活方式。本书后续会开发"大学记APP"，实现移动端的可看、可听、可写、可交流，你通过手机就可以找到最权威的大学信息、最有效的大学资讯，这些是无数人积攒的宝贵资源。今后，我们还将建立互联网上的大学记云端之城，通过这个"城"可以知道大学生活的方方面面，保存大学生活的点点滴滴，分享大学生活的分分秒秒。

本书是长期从事学生教育工作的教师的智慧结晶，也是很多过来人的经验感悟,既包括实现梦想的经验,也包括很多大学生未能如愿的遗憾。希望这本书让你的大学梦想能够实现得更多,让遗憾变得更少。

  谨以此书作为大学新生收到的第一份礼物,衷心希望这样一本特别的书,能让你的大学生活更具魅力,让你拥有更多的收获和回忆。

编 者

2021年7月

目 录 CONTENTS

扬帆起航

学校简介 ·· 3
入学教育当日流程 ····································· 4
入学报到记录 ··· 5
哈尔滨开放大学开放教育学员入学告知书 ······ 6
个人资料（提交页）··································· 7
新生入学承诺 ··· 8
个人资料（自留页）··································· 9
破冰日 ··· 10
新生入学调查问卷 ···································· 13
读书、电影分享日 ···································· 15

学习导向

心理小测试 ··· 18
学习平台培训记录 ···································· 19
我的课程表 ··· 21
健康生活日 ··· 24
学习平台操作指南（移动终端）··················· 25
学习平台操作指南（电脑端）······················ 26
如何完成国家开放大学学习网形考任务 ········ 27
基于国家开放大学学习网的考试 ················· 28
思政课考试 ··· 29

大作业形式终结性考试 ·················· 30
我的形考成绩 ······························ 32
大作业交接单 ······························ 33
纸质作业交接单 ··························· 35
如何秒懂准考证 ··························· 37
我的成绩单 ································· 39
学生查询成绩 ······························ 40
哈尔滨开放大学成绩复查申请表 ···· 41
职场技巧训练日 ··························· 42
哈尔滨开放大学开放教育学院课程补考单 ···· 43
哈尔滨开放大学开放教育"学习之星"评选 ···· 45
学位授予的流程及要求 ················· 47
本科学位外语统一考试报名须知 ···· 48
论文指导须知 ······························ 49
国家开放大学本科毕业论文答辩过程记录表 ···· 50
国家开放大学开放本科学生毕业申请表 ···· 51
职场小技巧 ································· 52
读书、电影分享日 ······················· 53
学生支持服务满意度调查表 ·········· 55
快乐学习日 ································· 56
开放教育学院辅导员满意度测评表 ···· 57

特色活动

盘点各大名校的"特色"社团 ·········· 60
社团申请表 ································· 61
健康生活日 ································· 62
开放学院学生会申请表 ················· 63
健康生活日 ································· 64
校园活动开放日调研表 ················· 65
摄影日 ······································· 66

画展欣赏日 …… 68
校园活动日 …… 70
游学分享日 …… 77

规章制度

快乐学习日 …… 82
学籍管理办法 …… 83
关于信息修改的要求 …… 87
学生基本信息修改情况表 …… 88
转专业的流程 …… 89
国家开放大学学生转专业审批表 …… 90
退学流程 …… 91
国家开放大学学生自愿退学申请表 …… 92
国家开放大学奖学金评选 …… 93
国家开放大学奖学金申请表 …… 95
国家开放大学优秀毕业生评选 …… 97
优秀毕业生候选人推荐表 …… 98
国家开放大学学生考试纪律与违规处理办法（试行）…… 99
学信网学籍查询步骤 …… 105
学历认证照片要求 …… 107
心理小测试 …… 108
学信网学历认证流程 …… 109
读书、电影分享日 …… 112

通识课

心理小测试 …… 114

达人训练课

如何解决"工学矛盾" …… 117
如何告别"社交恐惧" …… 119

如何学会"即兴演讲" ……………………………………… 121
职场技巧训练日 ………………………………………… 123
健康生活日 ……………………………………………… 124
视野案例课
认知自我·如何练就好口才 ……………………………… 128
认知自我·如何塑造"个人魅力" ………………………… 131
与人合作·如何进行"有效沟通" ………………………… 136
与人合作·如何抓住"新机遇" …………………………… 139
理解世界·如何处理突发事件 …………………………… 145
理解世界·如何透过细节发现危险 ……………………… 148
健康生活日 ……………………………………………… 150
打造产品·如何把"创业想法"变成"伟大事业" ………… 154
打造产品·如何准确地呈现你的理念 …………………… 157
读书、电影分享日 ……………………………………… 159

学习笔记

我的听课笔记 …………………………………………… 163
网教课记录表 …………………………………………… 181
论文指导课 ……………………………………………… 185

结束语

心理小测试 ……………………………………………… 188
第一学年小结 …………………………………………… 189
第二学年小结 …………………………………………… 190
对比清单 ………………………………………………… 191
通信录 …………………………………………………… 193
相关部门电话 …………………………………………… 197

参考书目 …………………………………………………… 198

扬帆起航

乘风破浪潮头立，
　　扬帆起航正当时。

大学记
哈尔滨开放大学 2021版

亲爱的同学：

欢迎你们来到哈尔滨开放大学！

你们带着心中的梦想走进开大，相信通过努力，必将带着收获走向成功。学校组织的入学教育会帮助大家了解和熟悉开放教育的学习方式，适应远程开放教育的教学模式，培养自主学习的习惯和能力。希望同学们能够在这里与老师、辅导员携手并肩，共同努力，顺利完成学业，实现自己的人生梦想。

学校简介

　　这是一座开放的象牙塔，这是一所没有围墙的大学。哈尔滨开放大学以习近平新时代中国特色社会主义思想为指导、以立德树人为根本任务，立足国情、市情，扎根哈尔滨，已经成为众多栋梁之材的人生第二起跑线。

　　哈尔滨广播电视大学始建于1960年，是由教育部批准、哈尔滨市人民政府管理的高等院校。建校以来，在全体教职工不懈努力下，学校整体办学能力和水平不断提升，事业发展不断迈上新台阶，来自政府和社会各界的支持也越来越多，我们的学历证书得到了国内、国际上的广泛认可，赢得了社会广泛赞誉。学校先后被评为全国文明单位、哈尔滨市劳动模范单位，多次被授予省市"三育人"先进集体和国家开放大学教学工作先进单位等荣誉称号。

　　2020年11月26日，经黑龙江省政府批准，哈尔滨广播电视大学正式更名为哈尔滨开放大学。步入新时代的哈尔滨开放大学，将继续秉承"进德修业，笃行致远"的校训，不忘教书育人初心、牢记立德树人使命，以促进终身学习为导向、以现代信息技术为支撑、以"互联网+"为特征、面向哈尔滨地区服务学习型社会建设，大力举办学历教育、社区教育和社会培训，在推动哈尔滨市高等教育大众化、构建终身教育体系、建设学习型社会中继续发挥不可替代的作用。

　　经过多年发展，学校为地区经济社会繁荣发展培养了各级各类实用型人才，解决了几代人的学历补偿问题，积累了远程教育的丰富经验，探索了开放教育的新途径、新方法，为哈尔滨改革开放和现代化建设做出了重要贡献。而今，我们正处在近代以来中华民族最好的发展时代、实现中华民族伟大复兴的关键时代！新时代的光辉照亮远方，新时代的战略推陈出新；哈尔滨开放大学将扬帆起航，为打造具有中心城市特色的新型开放大学、助力哈尔滨建设"人人皆学、时时能学、处处可学"的学习型社会、实现全面振兴全方位振兴砥砺前行！

入学教育当日流程

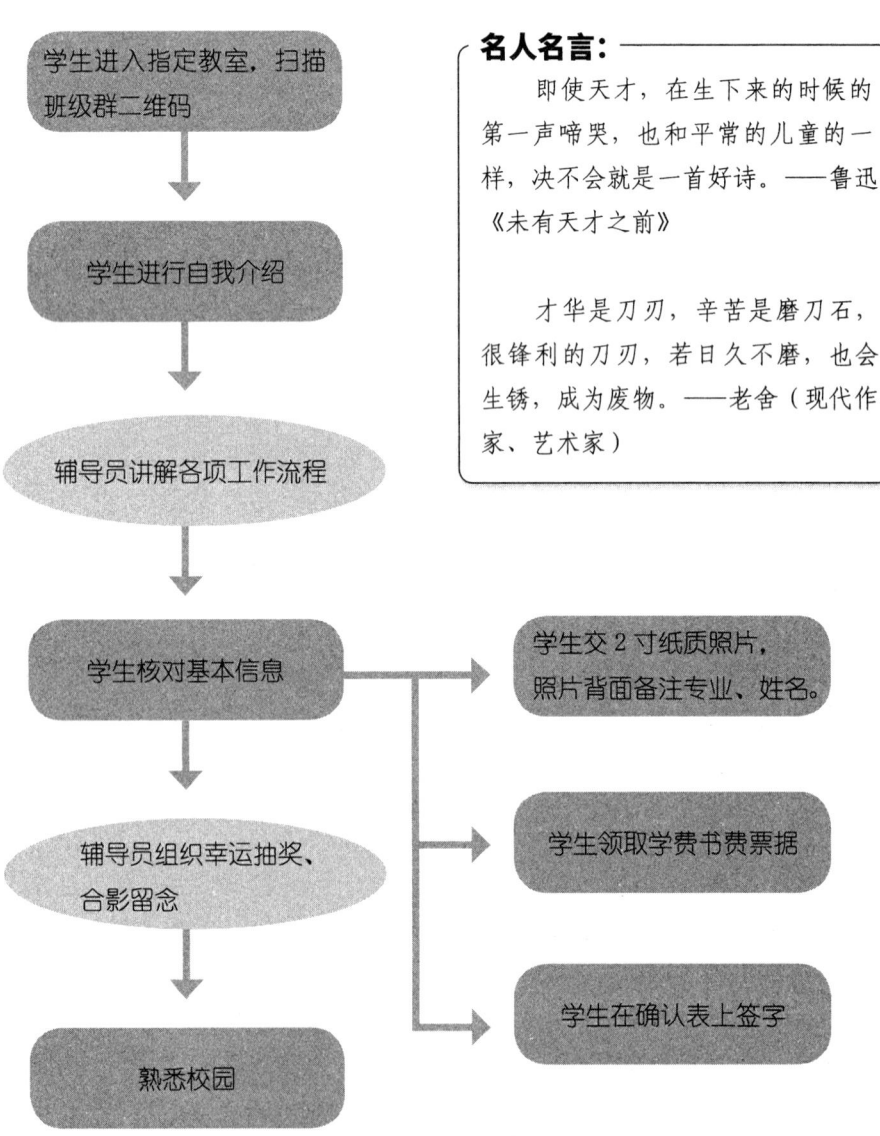

名人名言：

即使天才，在生下来的时候的第一声啼哭，也和平常的儿童的一样，决不会就是一首好诗。——鲁迅《未有天才之前》

才华是刀刃，辛苦是磨刀石，很锋利的刀刃，若日久不磨，也会生锈，成为废物。——老舍（现代作家、艺术家）

入学报到记录

时间		地点	
辅导员		联系方式	
办公地点			
在校期间 注意事项			
毕业相关 事项			
我的新同学			
印象深刻的 同学			

扬帆起航

哈尔滨开放大学
开放教育学员入学告知书

亲爱的同学们：

为了做好入学准备工作，力争为广大学员提供更优质的学习支持服务，现将开放教育学员在校学习期间的相关事宜告知如下：

1. 开放教育新学员在开学报到时须携带入学须知、**缴费收据**、1 张 2 寸纸质蓝底照片。

2. 加入本班 QQ 群、微信群，及时查看消息通知。通知主要包括：教学安排（含面授教学、网上教学）、串课、停课通知、考试安排等教学管理和学生管理信息（由辅导员老师统一在 QQ 群、微信群里发送）。

3. 报到当天要及时核对学员在校期间所需基本信息（姓名、性别、身份证号、民族、照片等）并在辅导员处留下畅通有效的联系方式，如联系方式有变，一定要及时告知辅导员老师，否则将会影响自身的学习进度、毕业时间。

4. 各位学员要积极参加学院组织的教学活动，通过入学教育讲座、计算机培训课等了解专业的相关事宜，尽快熟悉开放教育常规管理和学习方式。

5. 开放教育实行学分制，按学分收取学费（专科每学分 65 元、本科每学分 90 元）；通过国家开放大学入学资格终审的学生，履行入学注册手续后，可取得国家开放大学相应层次和专业的学籍，**学籍有效期为 8 年**。

【特别提示】：本学期若不参加考试，请于选课报考前与本班辅导员联系并备案，否则将视为同意按本学期开课计划进行统一选课、报考，并会产生相应学分费用。

6. 学员可于新学期开学第一周，凭本人学号在国家开放大学学习网（http://menhu.pt.ouchn.cn/site/ouchnpc/index）查询上一学期的期末考试成绩。如对考试成绩有异议，请于开学后第二周至第三周到辅导员处填表办理查分手续，具体时间以辅导员老师通知为准，过期不予查询。缺考或考试成绩不合格的科目，查分结束后统一办理补考手续（每科次补考费用，按照哈尔滨开放大学财务收费标准统一执行），过期不予办理。

7. 如因个人原因导致不能继续学习的学员，需到辅导员处填写退学申请表，学费核算按退学日期前实际发生的费用进行核算。新生入学第一学期无法办理退学、转专业等学籍异动，学籍异动仅可在每学期末办理。

8. 其他教学管理、学生管理相关规定请参照国家开放大学及哈尔滨开放大学的相关规定执行。《哈尔滨开放大学开放教育学员入学告知书》一式两份，学生和辅导员老师各执一份。

个人资料（提交页）

基本信息						
姓　　名		性　别		政治面貌		照片
年级专业		民　族		出生年月		
身份证号			电子邮箱			
工作单位						
通信地址						
重要信息						
QQ				微 信 号		
电话				固定电话		
获奖情况						
其他信息						
个人特长						
爱　　好						
运　　动						
交　　友						
人生格言						
空闲时间						

扬帆起航

新生入学承诺

　　本人已熟知《哈尔滨开放大学开放教育学员入学告知书》的全部内容，作为哈尔滨开放大学的一名学子，我郑重承诺，从入学第一天起，严格遵守国家的法律法规和学校的各项规章制度，坚决维护学校声誉和国开学子形象，以认真踏实的态度，坚持不懈的精神，努力养成良好的生活习惯和学习态度，实现自己的人生理想。

　　一、爱国、爱校、爱班级，遵纪守法，诚实守信，关心集体，尊敬师长，友爱同学。

　　二、勤奋学习，努力进取，勇于实践，遵守课堂纪律，认真听讲，遵守公德，爱护公物，保持教室和学习环境的整洁卫生，争先创优。

　　三、注重自身形象，着装朴素整洁，言谈举止得体大方，接人待物文明礼貌、胸襟宽广，同学交往互敬互爱，不在校园内酗酒、抽烟、赌博、打架斗殴。

　　四、正确使用学校网络，不用学校网络发表或转发传播不良言论，不用学校网络访问非法网站。

　　五、积极参加学校组织的各项校园文化活动，服从领导、听从指挥，争做志愿者、组织者。

承诺人（签名）_____

联系电话_____

日　　期_____

个人资料（自留页）

基本信息						
姓　名		性　别		政治面貌		照片
年级专业		民　族		出生年月		
身份证号			电子邮箱			
工作单位						
通信地址						
重要信息						
QQ				微信号		
电话				固定电话		
获奖情况						
其他信息						
个人特长	
爱　好	
运　动	
交　友	
人生格言	
空闲时间	

扬帆起航

个人性格分析

优 势 (Strengths)	1. 具有不服输的坚韧品质，对自己负责的事情能够绝对承担到底，有始有终，在学习上遇到问题喜欢钻研到底，学习生活坚持自我，坚持做诚实守信的人。 2. 学习上比较有主见，上课注重效果，能够做到不迟到、不早退。 3. 能主动关心人，习惯为他人着想、人缘相对较好，对待朋友真诚友善，重情重义，是朋友、同学可以放心倾诉的对象。 4. 对专业课程保持着兴趣，积极主动参与一些课外活动。 5. 有时自信、有时谨慎、有时活泼、有时安逸，性格偏复合型。 6. 和周围的人平等互助，为人随和，在人际交往中可以扬长避短，善于表达自我。 7. 生活态度乐观、不畏艰辛、自主性强、了解自身优点和缺点，对人诚实，不做作，潜在能力强，善良，大方。 8. 勤奋好学、吃苦耐劳、具有创新能力、思维活跃，有较强的自学能力、理解能力、逻辑推理能力，遇到问题积极请教老师。对课本知识有独到的见解，动手能力相对较强，工作认真、仔细、负责。
劣 势 (Weaknesses)	1. 有时候较为固执与偏执，不易接受同学、朋友的意见，喜怒过于表现于外，性格毛毛躁躁、风风火火，给人不够沉稳、不够成熟的印象。 2. 真实态度不够明确、容易受人左右，做事犹犹豫豫、不够果断，总让机会在犹豫中流失，该争取的不敢勇于争取。 3. 缺乏社会经验，办事较主观拖拉，协调性不够。 4. 语言表达能力不强，领导管理能力弱，很多事情总是空想，没有付诸实际行动。 5. 性格过于忧郁、敏感，想得太多，太在乎别人的看法，放不开。 6. 未形成自主有效的学习方法。学习不够主动，总是喜欢盲目跟风，没有自己的主见。很多时候只是一时的热情，意志力不够坚定，总是半途而废。 7. 学习上没有明确的目标与合理的规划，自主学习能力较差。 8. 上课容易打瞌睡，注意力不集中，杂念太多。 9. 知识综合能力弱，知识面狭窄，理论联系实践的能力不强，运用知识的机会太少。 10. 记忆能力较弱，对记忆性的东西应付能力弱。

机 遇 (Opportunities)	1. 专业知识相对较丰富、具有较强的自学能力、独立能力、刻苦钻研能力。 2. 具备一些从事某一项工作所需要的基本技能和基础知识。 3. 学校提供给学员许多实践的机会，积极培养学员自主动手和创新的能力。学校有较雄厚的师资、物力、财力资源，校图书馆藏书丰富，有较好的学习环境。
挑 战 (Threats)	1. 就业形势严峻，市场竞争激烈。 2. 企业对成人院校毕业生有所顾虑，对个别专业学生所需人数较少，人多岗少。 3. 大学生人才资源丰富，企业对人才要求也就更高、更严格。 4. 专业知识学习不精，知识储备满足不了时代的需求，信息更新过快，很难跟上时代的步伐。

结合辅导员召开的班会以及学校组织的拓展训练进行自我分析

S：我的优势	W：我的劣势
O：我面临的机遇	T：我遇到的挑战

请结合辅导员召开的班会以及学校组织的拓展训练进行自我分析

1：我的辅导员	2：我的任课教师
评价者签名：	评价者签名：
3：我的家人	4：我的同事
评价者签名：	评价者签名：

知人者**智**，自知者**明**。
——《道德经》

不患人之不**己知**，患不**知人**也。
——《论语》

注：能够了解别人的人是有智慧的，能够了解自己的人是高明的。不要因为别人不了解自己就焦虑忧愁，要担心自己看不透别人。

新生入学调查问卷

各位同学：

非常感谢您参加本次关于对学校未来生活学习需求的问卷调查。本次问卷调查采用不记名的形式，学校郑重承诺绝对不会透露您的隐私，衷心地希望能听到您宝贵的意见！（可根据自己的实际情况多项选择）

1. 您现在是否有工作？（　　）

    A. 是　　　　　　B. 否

2. 您工作单位的性质是（　　）。

    A. 党政机关　　　B. 事业单位　　　C. 国有企业

    D. 外资企业　　　E. 民营企业　　　F. 自营

    G. 部队服役　　　H. 待业　　　　　I. 其他

3. 您来哈开大学习的目的是（　　）。

    A. 寻找工作　　　　　　　　　B. 工作需要，谋求晋职

    C. 个人兴趣，补充知识　　　　D. 结交朋友，构建发展新平台

    E. 陪亲朋好友一起

4. 您是否单身（学校会有相应活动哦）？（　　）

    A. 是　　　　　　B. 否

5. 您平时的空闲时间为（　　）。

    A. 工作日下班后　　B. 周六　　　　C. 周日　　　　D. 随时

6. 您一般会通过什么样的媒介进行网上学习？（　　）

    A. 手机　　　　　B. 电脑　　　　C. 其他移动设备

7. 您希望哪种学习类型多一些？（　　）

    A. 面授　　　　　B. 线上　　　　C. 无所谓　　　D. 其他

8. 您希望参加哪种类型的校园文化活动？（　　）

    A. 知识讲座　　　B. 户外运动　　C. 文艺活动　　D. 其他

扬帆起航

9. 如果学校组织国内游学访学活动，您希望去哪个城市？（　　）
   A. 广州　　　　B. 成都　　　　C. 西安
   D. 青岛　　　　E. 沈阳

10. 您平时对什么感兴趣？有什么业余爱好？

11. 您比较擅长什么？

12. 对未来学习生活有什么期望？

13. 在学习期间，您希望学校提供什么样的支持服务？

年级专业：　　　　　　　　　　　　姓名：

扬帆起航

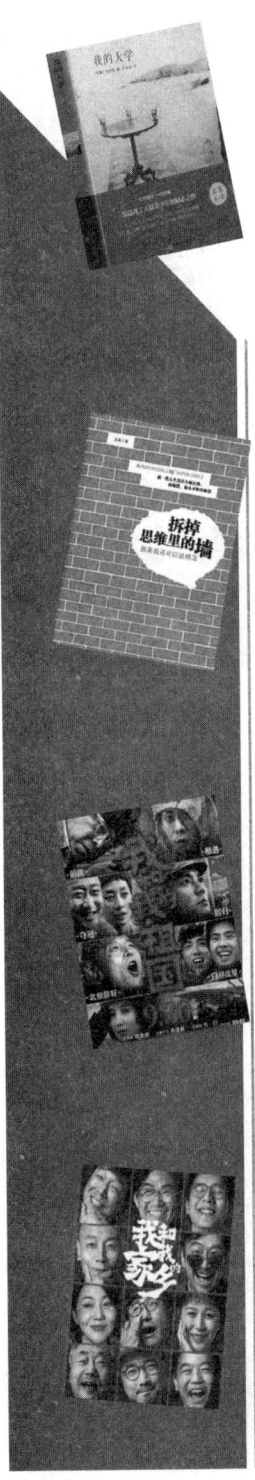

读书分享日

《我的大学》

阅读时间：12h
作　　者：[苏联] 马克西姆·高尔基
作者简介： 马克西姆·高尔基(英译 Maksim Gorky)，苏联无产阶级作家。原名阿列克谢·马克西莫维奇·彼什科夫（Алексей Максимович Пешков）。社会主义、现实主义文学的奠基人，列宁称他为"无产阶级艺术最杰出的代表"。代表作品：《童年》《在人间》《我的大学》。
内容简介： 该书中作者描写了他青年时代的生活经历。从这个被真实记述下来的过程中，可以看出青少年时代的高尔基对小市民习气的深恶痛绝，对自由的热烈追求，对美好生活的强烈向往。

《拆掉思维里的墙》

阅读时间：24h
作　　者：古典
作者简介： 古典，新精英生涯总裁，美国生涯教练国际认证 CBCC 中国首席导师，GCDF 全球职业规划师培训师。CCTV《科技博览》、北京台《天天阅读汇》、凤凰台《一虎一席谈》邀请职业发展专家，《中国教育报》《新前程》、新浪教育、中华英才网等媒体职业规划专栏作家。国内不超过 10 个同时拥有全球职业规划师(GCDF)、高级职业指导师、注册心理咨询师与企业教练 4 个认证的生涯发展专家，被业内认为是"中国职业规划界的新一代领军人物"。
内容简介： 该书主要讲述了世界著名管理学家的经典理论和全球知名企业总裁的制胜经验。

电影分享日

《我和我的祖国》

上映时间：2019 年　电影片长：155 分钟
导　　演：陈凯歌等
主　　演：黄渤、张译、韩昊霖、杜江、葛优
电影简介： 七位导演分别取材新中国成立 70 周年以来，祖国经历的无数个历史性经典瞬间，讲述普通人与国家之间息息相关、密不可分的动人故事。影片聚焦大时代大事件下，小人物和国家之间看似遥远实则密切的关联，唤醒全球华人共同回忆。

《我和我的家乡》

上映时间：2020 年　电影片长：153 分钟
导　　演：宁浩等
主　　演：葛优、黄渤、范伟、邓超、沈腾
电影简介： 延续《我和我的祖国》集体创作的方式，由张艺谋担当总监制，宁浩担任总导演，张一白担任总策划，宁浩、徐峥、陈思诚、闫非&彭大魔、邓超&俞白眉分别执导五个故事。

《平凡的世界》
阅读时间：24h
作　　者：路遥
作者介绍：原名王卫国，中国当代农村作家。生于陕西榆林市清涧县石咀驿乡王家堡村一个贫困农民家庭，7岁时因为家里困难被过继给延川县农村的伯父，后进入延安大学中文系学习，其间开始文学创作。大学毕业后，任《陕西文艺》（今为《延河》）编辑。1980年发表《惊心动魄的一幕》，获得第一届全国优秀中篇小说奖，1982年发表中篇小说《人生》。
内容简介：该书以中国20世纪70年代中期到80年代中期十年间为背景，通过复杂的矛盾纠葛，以孙少安和孙少平两兄弟为中心，刻画了当时社会各阶层众多普通人的形象；劳动与爱情、挫折与追求、痛苦与欢乐、日常生活与巨大社会冲突纷繁地交织在一起，深刻地展示了普通人在大时代历史进程中所走过的艰难曲折的道路。1991年3月，《平凡的世界》获中国第三届茅盾文学奖。

《呼兰河传》
阅读时间：16h
作　　者：萧红
作者简介：中国现代著名女作家。生于黑龙江呼兰县，1942年病殁于香港。原名张迺莹，笔名萧红、悄吟等。幼年丧母，父亲性格暴戾，她只有从年迈的祖父那里享受到些许人间温暖，寂寞的童年形成了萧红性格中孤独、敏感、矜持而又倔强的一面。
内容简介：全书共分七章，它以作者的童年回忆为引线，描绘了20世纪20年代东北小城呼兰的种种人和事，真实而生动地再现了当地老百姓平凡、卑微、落后的生活现状和得过且过、平庸、愚昧的精神状态。但萧红还是用淡泊的语气和包容的心叙说了家乡的种种。她将一片片记忆的碎片摆出来，回味那份独属于童年、独属于乡土的气息。

读书分享日

电影分享日

《烈火英雄》
上映时间：2019年　电影片长：120分钟
导　　演：陈国辉
主　　演：黄晓明、杜江、谭卓、杨紫、欧豪
电影简介：滨海市海港码头发生管道爆炸，整个罐区的原油都顺着A01油罐往外流，化成火海和阵阵爆炸，威胁全市、全省，甚至邻国的安全。慌乱的市民们四处奔逃，一辆辆消防车却逆向冲进火海……

《流浪地球》
上映时间：2019年　电影片长：125分钟
导　　演：郭帆
主　　演：屈楚萧、吴京、李光洁、吴孟达、赵今麦
电影简介：近未来，科学家们发现太阳急速衰老膨胀，短时间内包括地球在内的整个太阳系都将被太阳所吞没。为了自救，人类提出一个名为"流浪地球"的大胆计划，即倾全球之力在地球表面建造上万座发动机和转向发动机，推动地球离开太阳系，用2500年的时间奔往另外一个栖息之地。中国航天员刘培强，在儿子刘启四岁那年前往国际空间站，和国际同僚肩负起领航者的重任。转眼刘启长大，他带着妹妹朵朵、偷偷跑到地表，偷开外公韩子昂的运载车，结果不仅遭到逮捕，还遭遇了全球发动机停摆的事件。为了修好发动机，阻止地球坠入木星，全球开始展开饱和式营救，连刘启他们的车也被强征加入。在与时间赛跑的过程中，无数的人前仆后继，奋不顾身，只为延续百代子孙生存的希望……本片根据刘慈欣的同名小说改编。

学习导向

三更灯火五更鸡,正是男儿读书时。
黑发不知勤学早,白首方悔读书迟。
——《劝学诗》

心理小测试

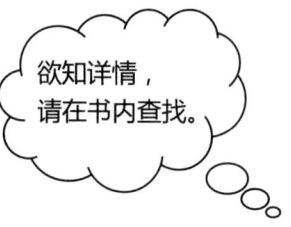

你的自我控制力强吗？

现在你的面前摆放着各种零食，你觉得自己最先选择什么？

A. 雪糕

B. 苹果、橘子等天然水果

C. 烤馅饼

D. 卷心饼

E. 饼干或蛋糕

F. 巧克力

学习平台培训记录

时　　间	
地　　点	
主讲老师	
国开学习网的网址	http://one.ouchn.cn/
国开学习网的账号	你的学号
登录密码	

重要记事	

学习导向

重要记事

学习导向

我的课程表

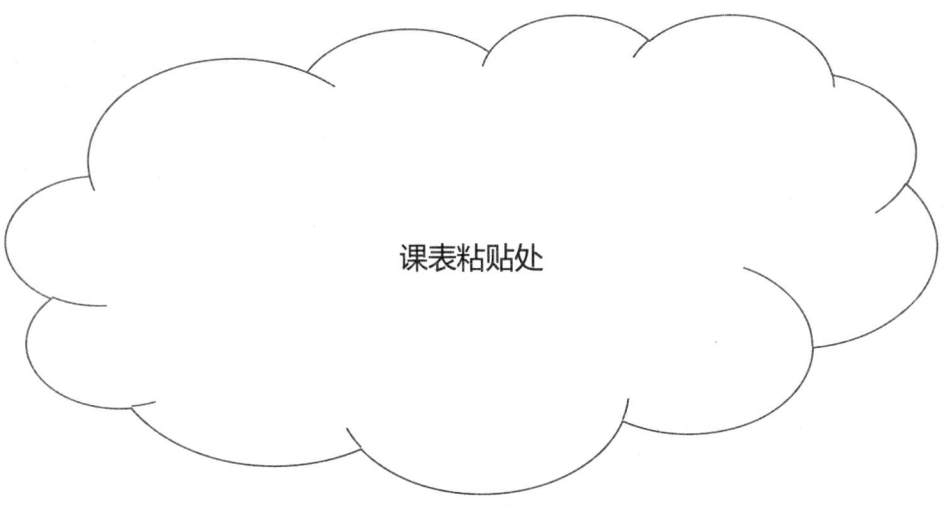

课表粘贴处

我的课程表

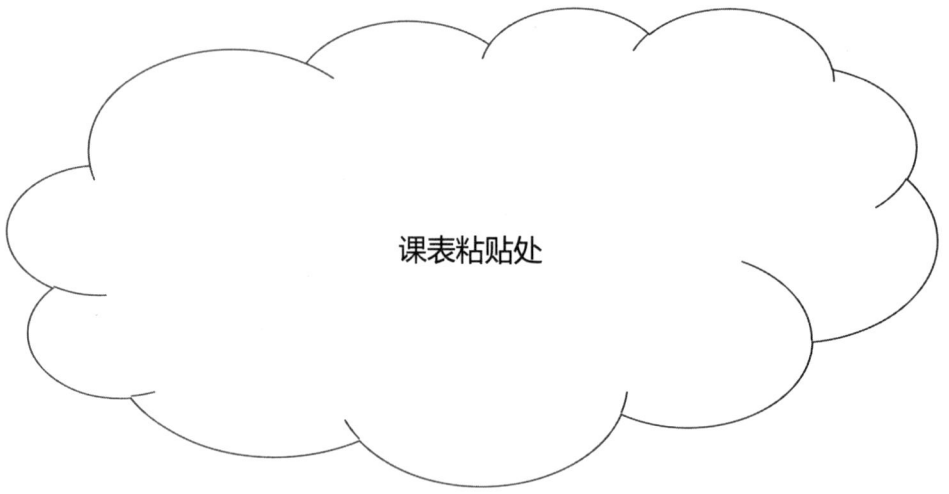

课表粘贴处

学习导向

敲黑板啦

国开学习网的
学习开始啦!

健康生活日

如何缓解眼疲劳

现在越来越多的人都患有近视，越来越多的人过早地戴上眼镜，因为科技发展，电脑、手机等花样繁多的电子产品让我们的眼睛长期处于工作状态，过度地用眼就会导致眼睛干涩，严重的还会酸疼肿胀不舒服，久而久之导致我们的视力下降，甚至产生更严重的眼科疾病，需要大家高度重视，在平时就保护好自己的眼睛。

下面介绍几种缓解眼疲劳的方法：
1. 隔一段时间就眺望远处或绿色植物，让眼睛得到休息。
2. 在长时间用眼后做一做眼保健操。
3. 在长时间看电子产品的同时佩戴防蓝光眼镜。
4. 当眼睛有干涩不适的时候可以遵医嘱使用眼药水。
5. 多吃一些含有维生素A、鱼肝油的食物。
6. 眼睛酸疼肿胀的时候可以用热毛巾敷眼睛。
7. 增加睡眠时间，避免在灯光不充足的时候过度用眼。

学习平台操作指南
（移动终端）

1. 扫描二维码或者在应用市场中搜索"i国开"APP并下载安装，输入账号和密码，点击"登录"。账号是个人学号，密码是Ouchn@2021或Ouchn@+个人的8位出生日期，例如：Ouchn@19910101。

2. 点击页面上的"去学习"，进入在学课程，点击课程标题右侧的箭头符号，进入课程学习页面。

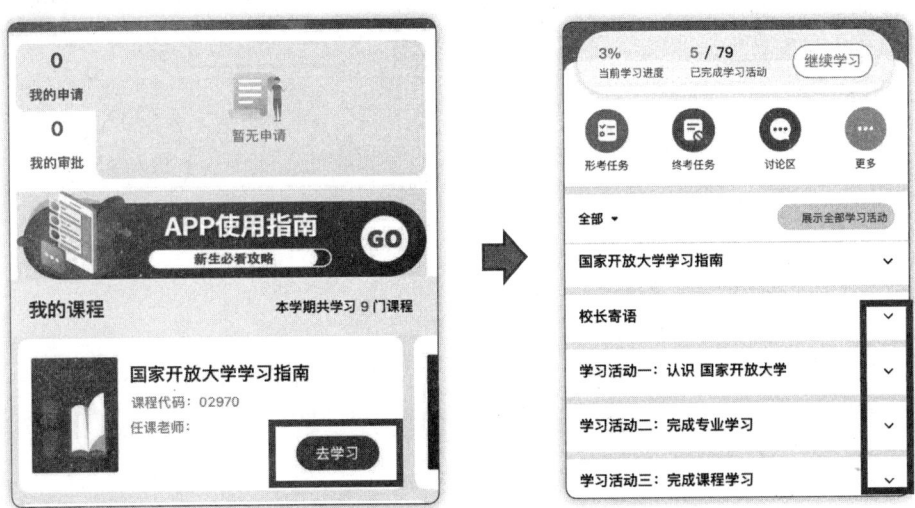

学习平台操作指南

(电脑端)

1. 登录国家开放大学学习网

打开网址 http://one.ouchn.cn，输入登录名和登录密码，点击"登录"。登录名是个人学号，登录密码是 Ouchn@2021 或 Ouchn@＋个人的 8 位出生日期，例如：Ouchn@19910101。

2. 查看本学期考试课程

进入学生个人空间的"我的课程"，查找本学期所要考试的科目。

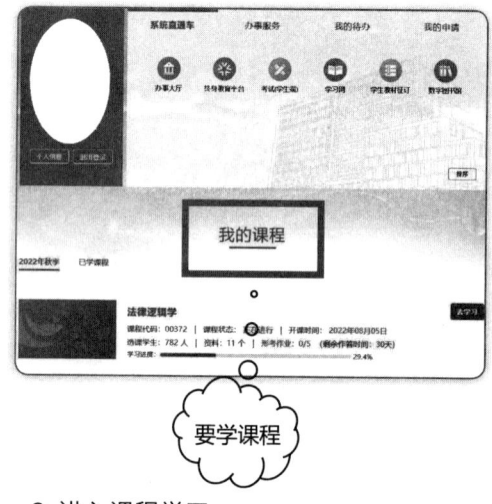

要学课程

请注意：推荐使用火狐浏览器或 360 浏览器。

3. 进入课程学习

点击课程名称右侧"去学习"，进入该课程学习页面。

进入学习

如何完成国家开放大学学习网形考任务

以课程"人文英语3"为例,登陆网站 http://one.ouchn.cn,进入课程后,点击"去学习",完成该课程的全部形考任务。每门课程的形考任务不同,以该课程的具体要求为准。

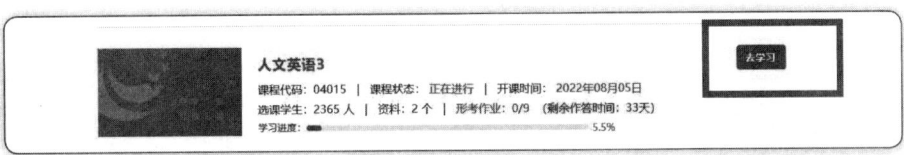

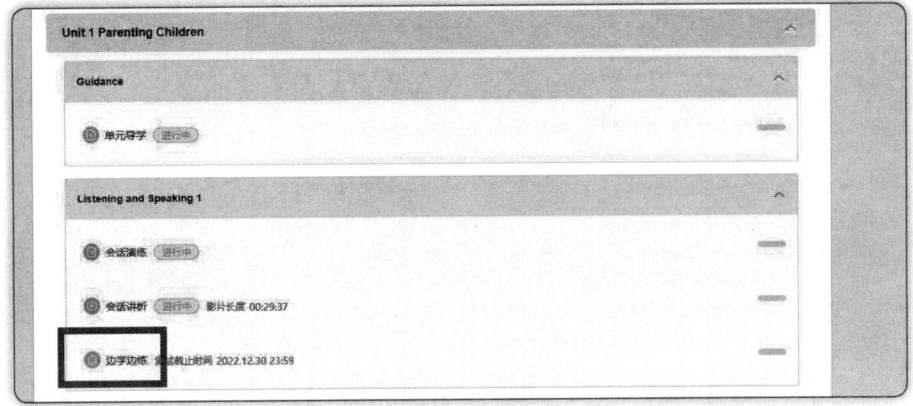

基于国家开放大学学习网的考试

以课程"国家赔偿法"为例,登录网站 http://one.ouchn.cn,进入课程后点击"去学习",找到该课程的形考任务、终考任务和期末考试,完成该课程的形考任务及终考任务。

注:所有课程请在规定时间内完成。

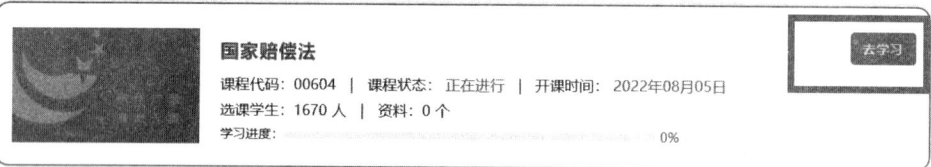

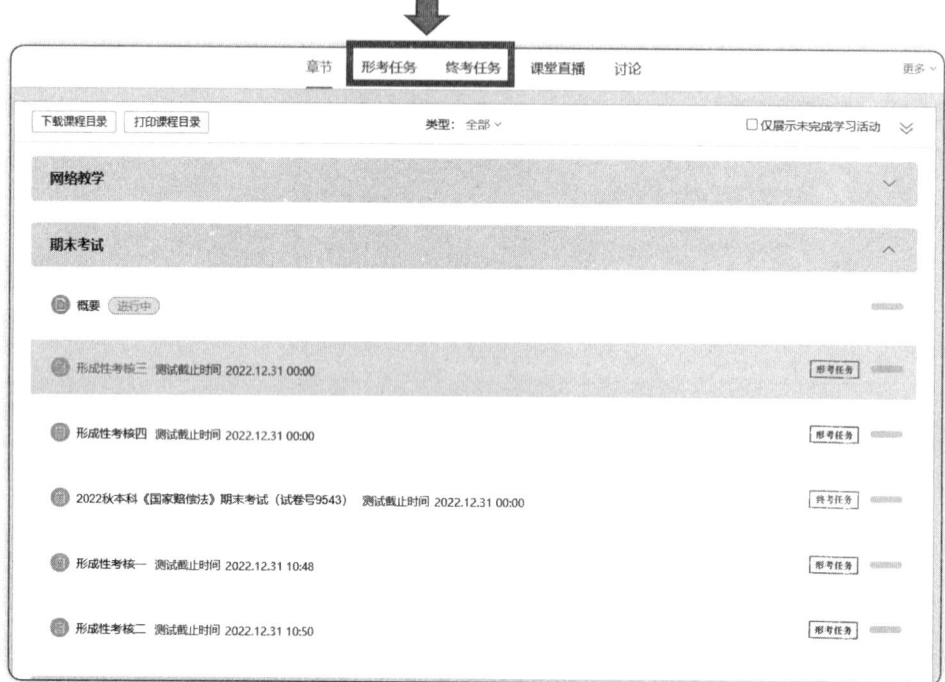

温馨提示:以课程"国家赔偿法"为例,形成性考核占比20%。

课程成绩(100分)=形成性考核成绩(总分数×20%)+期末考试成绩(总分数×80%),如果只做形成性考核作业是不会及格的哦。

思政课考试

以课程"习近平新时代中国特色社会主义思想"为例，登录网站http://one.ouchn.cn，进入课程后点击"去学习"，观看所有视频后，完成专题测验、学习行为表现和大作业。

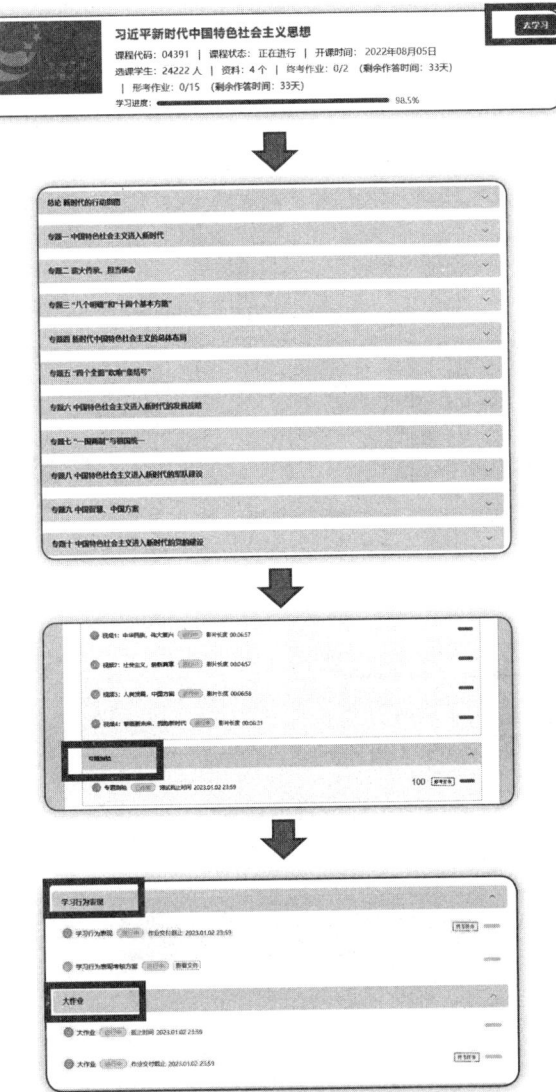

注：1.学习行为表现和大作业需在答题框内录入试题答案，不能复制粘贴，不能以附件形式提交试卷。专题测验、学习行为表现和大作业如果少答一项或学习行为表现加大作业少于30分即为不及格，除"学习行为表现"外，思政课其他部分课程为"社会实践"。

2.形势与政策课程分4个学期完成学习和考试。

3.推荐使用火狐浏览器或360浏览器。

大作业形式终结性考试

1. 由辅导员下发

温馨提示：大作业需用 B4 纸单面打印，手写完成。

2. 在国家开放大学学习网下载

以课程"民法学"为例，该课程考试形式是纸质形成性考核＋到校笔试。

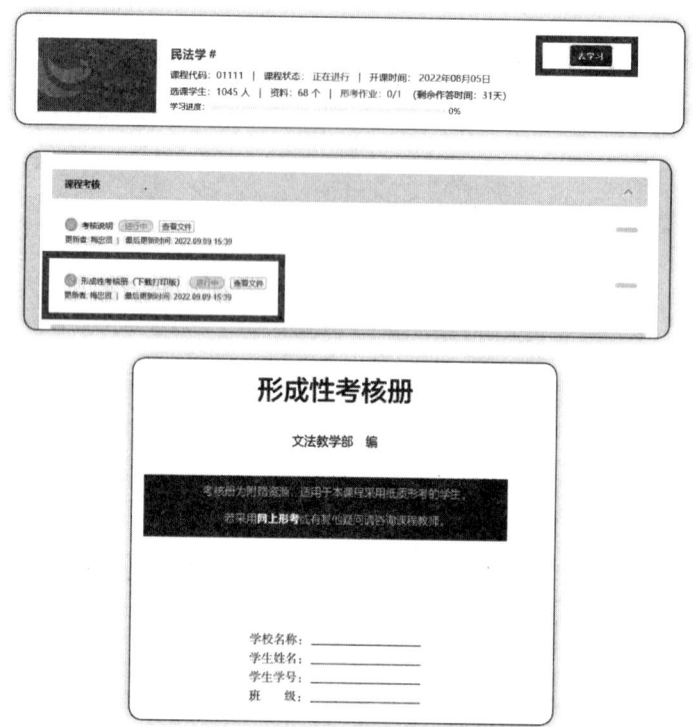

温馨提示：以课程"民法学"为例，形成性考核占比 50%。

课程成绩（100 分）＝纸质形成性考核成绩（总分数 ×50%）＋期末考试成绩（总分数 ×50%）。

学习导向

敲黑板啦

国开学习网的终结性考试开始了！

我的形考成绩

课程名称	学习时间	形考任务个数	第一次答题	第二次答题	最终形考成绩
		形考任务1			
		形考任务2			
		形考任务3			
		形考任务4			
		形考任务1			
		形考任务2			
		形考任务3			
		形考任务4			
		形考任务1			
		形考任务2			
		形考任务3			
		形考任务4			
		形考任务1			
		形考任务2			
		形考任务3			
		形考任务4			

大作业交接单

序号	科目	页数	时间	地点	接收人
1					
2					
3					
4					
5					
6					
7					
8					
9					
10					
11					
12					
13					
14					
15					

学习导向

续表

序号	科目	页数	时间	地点	接收人
16					
17					
18					
19					
20					
21					
22					
23					
24					
25					
26					
备注					

纸质作业交接单

序号	科目	页数	时间	地点	接收人
1					
2					
3					
4					
5					
6					
7					
8					
9					
10					
11					
12					
13					
14					
15					

学习导向

续表

序号	科目	页数	时间	地点	接收人
16					
17					
18					
19					
20					
21					
22					
23					
24					
25					
26					
备注					

如何秒懂准考证

辅导员在每年6月和12月下发纸质准考证。 → 学生根据考试日期、考试时间、考点地址、考场号、座位号参加笔试或上机考试。

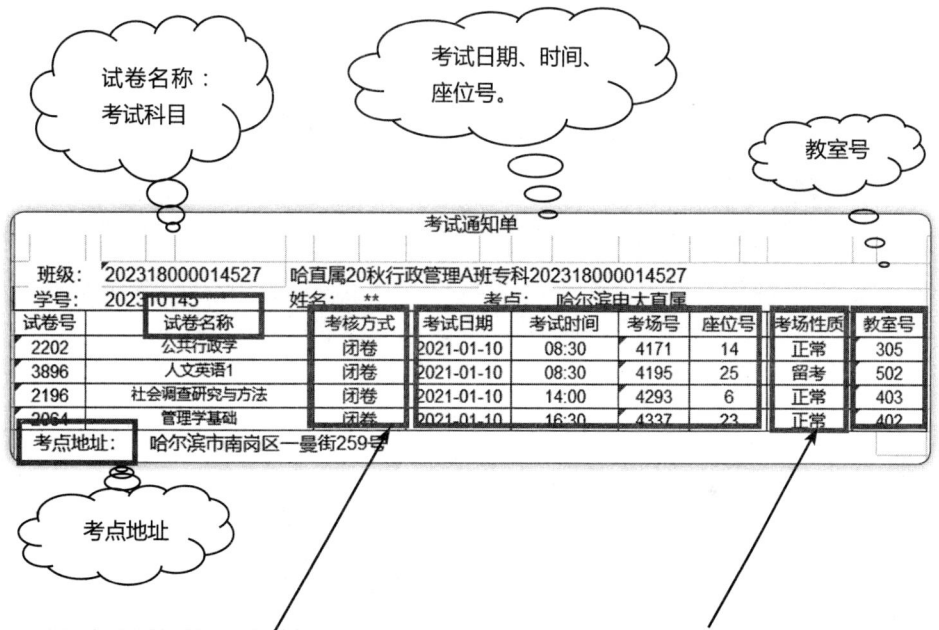

试卷名称：考试科目

考试日期、时间、座位号。

教室号

考点地址

考核方式：

　　开卷考试：允许带教材等资料进入考场，但不允许讨论。

　　半开卷考试：只允许携带指定的资料进入考场参加考试。

　　闭卷考试：不允许带任何学习资料进入考场。

考场性质：

　　正常：按时参加考试。

　　留考：考试同一时间内发生冲突的课程，要先完成考场性质标注为"正常"的考试科目，考试结束后应立即到指定"留考"教室参加留考科目的考试。

温馨提示：考试当天，学生需携带"学生证""准考证""身份证"参加考试，考前30分钟候场。

敲黑板啦

国开学习网的考试在六月底和十二月底就要截止啦,抓紧时间冲呀!

我的成绩单

课程名称	形考总成绩	终结性考试	大作业	最终分数

学生查询成绩

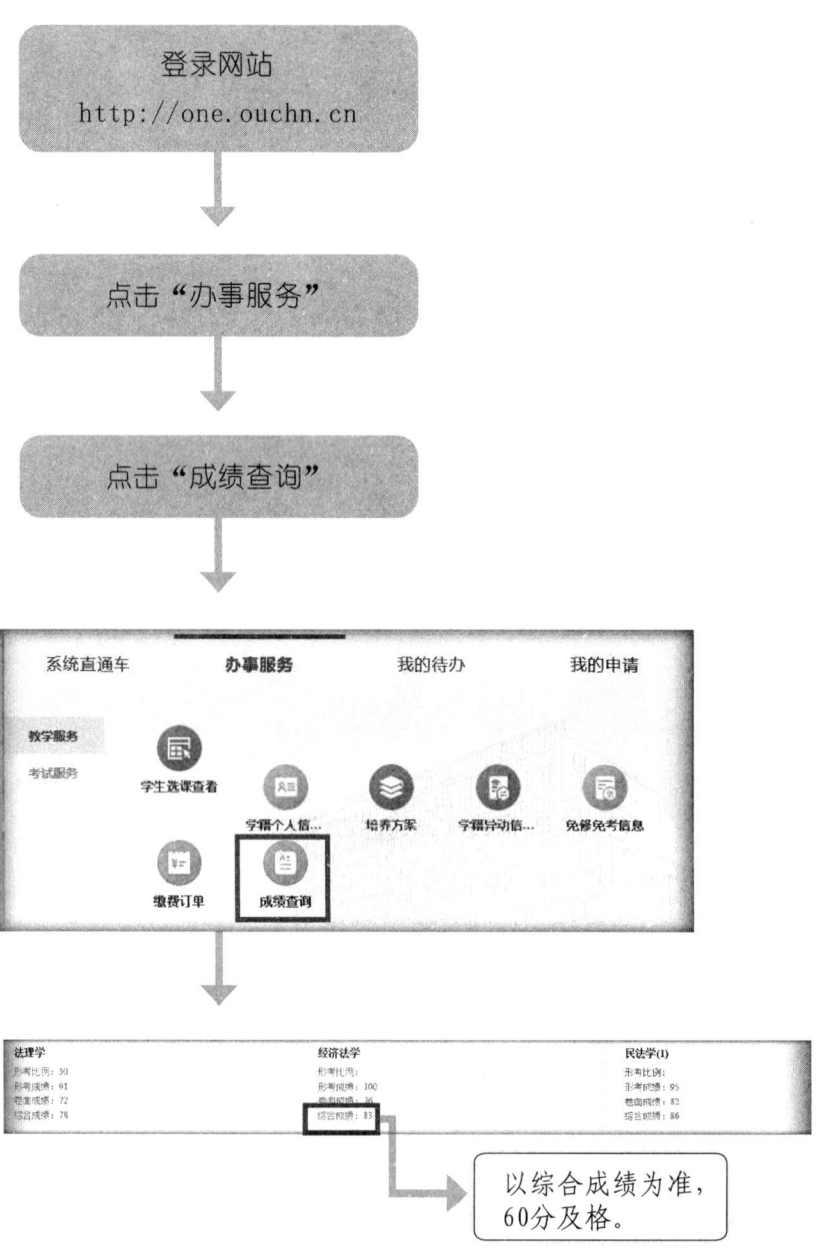

哈尔滨开放大学成绩复查申请表

单位（盖章）：办班单位需加盖公章

姓　　名		班　　级		学　　号	
试卷代号		考　　场		座　　号	
科　　目		原 分 数		办班单位	
申请日期		班主任签字			
卷面考试形式		形成性考核形式		形考比例	
卷面分数		形成性分数			
查分原因及佐证材料					
复查结果	复查结果： 复查老师签名：				

【温馨提示】此表可自行打印或复印。

职场技巧训练日

工作上的那些事儿

1. 认真对待工作上的每一件事。
2. 树立明确的工作目标，找准自身定位。
3. 工作中坚持团结协作，就会事半功倍。
4. 遇事别冲动，三思而后行，切忌口无遮拦。
5. 多听多看多问，切忌不懂装懂。
6. 切忌带着情绪做事，议论他人是非。
7. 坚持学习，不断提升自身业务能力，提高工作效率。
8. 善于总结工作经验，查找不足，为后续工作打下良好的基础。
9. 当同时处理多件事情时，统筹规划好事情的轻重缓急、简易繁复。
10. 不拖沓，今日事今日毕。
11. 坚持不懈地努力就一定会成功。

哈尔滨开放大学开放教育学院课程补考单

_____年_____季（专、本）科_____专业

申请日期：　　年　　月　　日

学号：		姓名：	
固定电话：		移动电话：	
课程名称	课程代码	课程名称	课程代码

辅导员：　　　　　接收日期：　　　　　金额：

微信缴费备注及序列码截图：

备注：请学员认真填写补考科目的全称，补考费为每科 20 元。

学习导向

学而不思则罔，

思而不学则殆。

——《论语·为政篇》

哈尔滨开放大学
开放教育"学习之星"评选

为加强开放教育教学管理，更好地调动学生学习的积极性和主动性，开放教育学院将持续在开放教育学生中组织开展"学习之星"评选活动。现将评选有关事项通知如下：

一、评选对象

学习目的明确，态度端正，勤奋刻苦，无违法违纪行为的开放教育学院在籍学生。

二、评选条件与名额

（一）面授学习之星：积极参加面授课程学习，按实到课次数占应到课次数的比率选取前10名。

（二）网络学习之星：根据学生国开学习网后台数据中在线时长、学习行为总数等几项主要参数为评选依据，选前10名。

三、评选程序

按照规定名额，经辅导员初选，学院联评后确定最终获奖名单，并颁发荣誉证书。

哈尔滨开放大学
开放教育"学习之星"评选

每个人都应该心中有梦，找到自己的梦想，认准了就去做，不跟风不动摇。同时，我们不仅要自己有梦想，还应该用自己的梦想去感染和影响别人，因为成功者一定是用自己的梦想去点燃别人的梦想，是时刻播种梦想的人。

学位授予的流程及要求

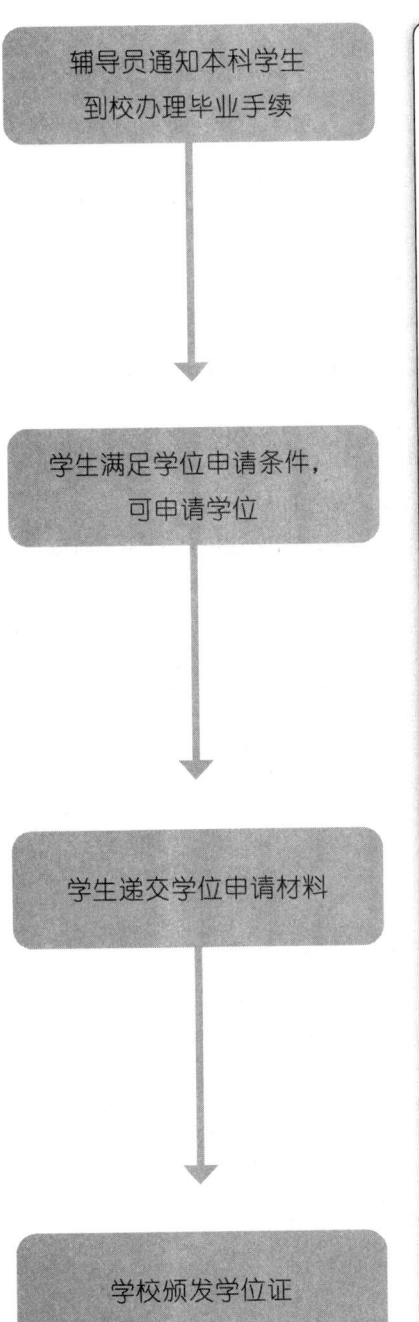

申请学位的成绩要求:
一、达到教学计划规定的毕业要求。
二、必修课程平均成绩75分及以上。
三、学位论文成绩良好（或80分）及以上。
四、非英语类专业学生申请国家开放大学学士学位时，须通过以下任意一种外语考试：
1. 国家开放大学非英语类专业学士学位英语考试。
2. 国家开放大学组织的北京地区成人本科学士学位英语考试。
3. 国家开放大学组织的合作高校相应专业学士学位英语考试。
4. 全国大学英语四级考试（425分及以上）。
5. 全国英语等级考试三级（PETS-3）及以上笔试（不含口试）。
五、英语和商务英语专业学生申请国家开放大学学士学位时，须通过以下任意一种外语考试：
1. 国家开放大学英语类专业学士学位英语考试。
2. 由对外经济贸易大学命题、国家开放大学组织的学位英语考试。
3. 全国高校英语专业四级（TEM-4）及以上。
4. 全国大学英语六级考试（425分及以上）。
5. 全国英语等级考试四级（PETS-4）及以上笔试（不含口试）。

本科学位外语统一考试
报名须知

一、考试对象

国家开放大学本科专业在籍学生。

二、考试试卷及作答方式

本考试对非英语类专业和英语类专业学位英语在考试时使用不同试卷，考试方式均为闭卷，其中英语类专业学位英语考试试卷含听力考试部分。考试时长均为120分钟，考试题型均包括客观题和主观题两部分。

三、报名

1．考生报名时使用电子照片，文件名为：**学号**.jpg。照片应为近期免冠照，像素不低于120×120，大小不超过50kB。考试收费：30元／人。

2．国家开放大学学位英语准考证由考生自行打印，学生可登录国家开放大学学习网，点击学生空间中通知公告栏的"国家开放大学学位英语考试报名"相关信息，进入考试管理系统下载打印。请各分校、教学点在报名时务必在考务科通知可以打印准考证后再告知考生。

论文指导须知

指导教师	
办公地点	主楼
工作时间	周三、周五下午 1：30～4：30
教师邮箱	
固定电话	
重要须知	1. 在学校主页下载相关专业的论文模板； 2. 根据模板撰写论文后，专科同学发到统一邮箱，本科同学给指导教师发邮件； 3. 有问题邮件联系论文指导教师或者在工作时间打电话咨询； 4. 论文合格后按照指导教师要求打印上交； 5. 本科同学论文合格后等学校通知，等待抽签答辩； 6. 本科同学学位论文必须答辩； 7. 关于论文写作、答辩等环节直接与论文指导教师联系

国家开放大学本科毕业论文答辩过程记录表

答辩日期： 年 月 日

姓名		学号		年级		专业	
答辩教师							
答辩小组成员							
论文题目							

<table>
<tr><th colspan="4">答辩记录表</th></tr>
<tr><th colspan="2">答辩教师提问</th><th colspan="2">学生问答情况</th></tr>
<tr><td colspan="2"></td><td colspan="2"></td></tr>
<tr><td colspan="2"></td><td colspan="2"></td></tr>
<tr><td colspan="2"></td><td colspan="2"></td></tr>
<tr><td colspan="2"></td><td colspan="2"></td></tr>
<tr><td colspan="2"></td><td colspan="2"></td></tr>
</table>

国家开放大学开放本科学生毕业申请表

学生基本信息	姓　　名		学　　号	
	性　　别		身份证号	
	班 主 任		专　　业	

学生申请	请在以下选项中选择一项，并在相应选项后签名，多选无效： 1. 本人已达到学位申请条件，自愿申请毕业和学士学位。 　　　　　　　　　　申请人（签名）： 2. 本人只申请毕业，自愿永久性放弃申请学士学位。 　　　　　　　　　　申请人（签名）： 3. 本人虽已达到毕业条件，但未达到学位申请条件。因需申报学士学位，自愿暂缓毕业，学籍有效期内达到学位申请条件后，再申请毕业并申报学士学位。如以后学期仍选择暂不毕业，本人亦同意每学期重新申请，否则视为本人申请毕业并放弃申请学位。 　　　　　　　　　　申请人（签名）： 　　　　　　　　　　　　年　　月　　日
教学点意见	经手人（签名）： 　　　　　　　　（主管部门公章） 　　　　　　　　　　年　　月　　日

填表说明：1. 由他人代签的，须由学生本人出具委托书，并附于表后。
　　　　　2. 学生基本信息为上网依据，务必认真核对。
　　　　　3. "主管部门公章"由学生所在教学点加盖学籍科或上级部门公章。
　　　　　4. 本表由教学点保存至学生学籍有效期结束。

执行力的七个特质

信心：相信自己,一切皆有可能

果断：不给犹豫寻找任何借口

激情：执行意识的唤醒石

坚持：专注于一件事更容易持久

顽强：没有被苦难击倒的执行者

勇气：敢于挑战那些"做不到"的事

韧性：倒下一百次,站起来一百零一次

学习导向

读书分享日

《最美的散文》
阅读时间：24h
作　　者：朱自清等
作者简介：朱自清原名自华，号秋实，后改名自清，字佩弦。原籍浙江绍兴，出生于江苏省东海县（今连云港市东海县平明镇）。现代杰出的散文家、诗人、学者。
内容简介：这些作品有的字字珠玑，给人以语言之美；有的博大深沉，给人以思想之美；有的感人肺腑，给人以情感之美；有的立意隽永，给人以意境之美。引导读者准确、透彻地把握作品的思想内涵。通过本书，能够引领读者登堂入室，领略中外散文的真貌，同时启迪心智，陶冶性情，进而提高个人的审美意识、文学素养、写作水平、鉴赏能力、人生品位。

《到日光下去生活》
阅读时间：18h
作　　者：沈从文
作者简介：中国著名作家，原名沈岳焕，笔名休芸芸、甲辰、上官碧、璇若等，乳名茂林，字崇文，湖南凤凰人。
内容简介：全书分为五辑，从少年生活与求学、人生情怀、湘西人情、云南风俗、写作经验等多方面呈现了沈从文文字的性灵之美。这是湘西才子写给故乡、写给亲人、写给自己的唯美情书，是中国人心目中田园牧歌的终极呈现，也是先生留给我们的理想世界。

电影分享日

《送你一朵小红花》
上映时间：2020年　**电影片长：**128分钟
导　　演：韩延
主　　演：易烊千玺、刘浩存、朱媛媛、高亚麟、夏雨
电影简介：两个抗癌家庭，两组生活轨迹。影片讲述了一个温情的现实故事，思考和直面了每一个普通人都会面临的终极问题——想象死亡随时可能到来，我们唯一要做的就是爱和珍惜。

《红海行动》
上映时间：2018年　**电影片长：**138分钟
导　　演：林超贤
主　　演：张译、黄景瑜、海清、杜江
电影简介：中东国家伊维亚共和国发生政变，武装冲突不断升级。刚刚在索马里执行完解救人质任务的海军护卫舰临沂号，受命前往伊维亚执行撤侨任务。舰长高云（张涵予饰）派出杨锐（张译饰）率领的蛟龙突击队登陆战区，护送华侨安全撤离。谁知恐怖组织扎卡却将撤侨部队逼入交火区，一场激烈的战斗在所难免。与此同时，法籍华人记者夏楠（海清饰）正在伊维亚追查威廉·柏森博士贩卖核原料的事实，而扎卡则突袭柏森博士所在的公司，意图抢走核原料。混战中，一名隶属柏森博士公司的中国员工成为人质。为了解救该人质，八名蛟龙队员必须潜入有150名恐怖分子的聚集点，他们用自己的信念和鲜血铸成中国军人顽强不屈的丰碑！

读书分享日

《自在独行》

阅读时间：22h
作　　者：贾平凹
作者简介：原名贾平娃，陕西省商洛市丹凤县人，中国当代作家，中国作家协会理事、中国作家协会陕西分会副主席、西安建筑科技大学人文学院院长。
内容简介：这本书写情感、聊爱好、谈社会、说人生。有俗世的智慧，也有生活的趣味。对于匆匆的路人，平凹先生这部文集只是用来附庸风雅的玩物。但这本书却要写给生命的行者。愿他们能懂得孤独的真义，在生活里多一些从容潇洒。

《别在吃苦的年纪选择安逸》

阅读时间：26h　　出版社：江西教育出版社
作　　者：景天
作者简介：景天，典型狮子座，从事编辑工作多年，目前供职于某大型杂志社。爱文字，爱美食，爱生活中所有的小确幸。
内容简介：《别在吃苦的年纪选择安逸》是作者景天的励志文集。有多少人在异地漂泊，忍受着寂寞与孤独，下雨没人送伞，吃饭没有人陪，没人分享喜悦，难过只能一个人哭……人生就是这样，耐得住寂寞才撑得起繁华；该奋斗的年龄，不要葬在了安逸，相信自己，终将破茧成蝶！

电影分享日

《老师好》

上映时间：2019年　电影片长：111分钟
导　　演：张栾
主　　演：于谦、汤梦佳、王广源、秦鸣悦、徐子力
电影简介：故事发生在20世纪80年代的偏远山城。南宿一中的优秀教师苗宛秋踌躇满志，迎来了新一届的高中学生。开学第一天，霸气十足的苗老师便给这群性格张扬、问题多多的学生们一个下马威，无论是桀骜不驯的混混洛小乙，还是一脑袋鬼点子的王海，无论是投机倒把的耗子，还是虚荣张扬的关婷婷，都被他收拾得服服帖帖。只不过这帮孩子表面顺服，背地里却与"苗霸天"展开了旷日持久的战争。在战争的过程中，专横的"苗霸天"不时展现温情的一面，他的古道侠肠更是令孩子们暗自佩服。转眼三年时光过去，懵懂无知的孩子们渐渐长大，他们似乎开始认识到苗老师最真实的一面了。

《革命者》

上映时间：2021年　电影片长：121分钟
导　　演：徐展熊
主　　演：张颂文、李易峰、佟丽娅、成泰燊、彭昱畅
电影简介：1927年4月26日，距离李大钊被执行绞刑还有38小时。此时，我党各方力量仍在积极组织着对他的营救行动，而敌人也在千方百计对他施以酷刑，但依旧毫无进展。焦灼之时，一个年轻警察进入狱中欲对守常先生施以新刑，而关于守常先生一生的革命回忆，也就此拉开帷幕。

学生支持服务满意度调查表

姓名：		班级：		
填表日期：		联系方式：		
请您在合适的选项上打"√"				
您对本学期学生支持服务的总体评价是	A: 非常满意	B: 满意	C: 一般	D: 不满意
1. 您对学校的学习环境	A	B	C	D
2. 您对学校的教学设备设施	A	B	C	D
3. 您对本学期课程的上课形式	A	B	C	D
4. 您对本学期所学课程的内容	A	B	C	D
5. 您对任课教师的授课模式	A	B	C	D
6. 您对辅导员的服务态度	A	B	C	D
7. 您对辅导员的支持服务工作	A	B	C	D
8. 您对学校学籍部门的服务	A	B	C	D
9. 您对学校考试过程的服务	A	B	C	D
10. 您对学校教务部门的服务	A	B	C	D
11. 您对学校教材发放	A	B	C	D
12. 您对本学期学生活动的总体评价	A	B	C	D
您对本学期开展的学生活动及各项支持服务工作，还有哪些意见和建议？请补充。				

学习导向

快乐学习日

先懂理念后学英语

在英语中，有句话是这样说的："Never too old to learn."，译成中文就是：活到老学到老。用《荀子·劝学》的话说就是："学不可以已"。英语学习就是这样的道理，树立目标后，以结果为导向，持续努力，What goes around comes around（付出就有收获）。在明白这个道理的同时，我们还要掌握一些学习语言的理念。

首先要了解美国语言学家克拉申的"可理解性输入理论"。这个理论的核心思想是：只要进行足够的可理解的输入，就可以达到一种接近母语的语言水平。这个可理解的输入的相关材料要达到"i+1"的水平。"i"是指学习者现在的目的语水平，"1"是指略高于他现有水平的语言材料。另外，克拉申还强调材料一定是学习者喜欢的，这样才能进行无限量的自然输入。

其次要用"费曼学习理论"贯穿英语学习的始终。将英语作为第二语言进行学习，学习者会遇到背单词和学习枯燥语法的困扰。如何解决这个问题？"费曼学习理论"的核心告诉我们："如果你没有办法用简单的语言表述你所学的知识，你就没有真正学会它"。这与我们常说的"Use it or lose it"的理念一致。人类之所以发明语言，其最根本的目的就是交流。学习语言，一定要使用这种语言，在使用中，我们才能借鉴和学习语言中所承载的文化和思维方式，才能改善现状、迎头赶上。

最后，要认识到学习英语的一个隐性缺失。学习任何一种语言都是一个漫长的过程，婴儿在妈妈肚子里的时候，其实已经开始了母语的学习。语言学把 0～8 个月的母语学习称为"前语言期"。母语者的节奏、声调和语调就是在这个时期习得的。我们学习第二语言之所以有困难，就是缺乏"前语言期"这个隐性而漫长的习得过程，我们总想一蹴而就，而忽略了"前语言期"这个隐性缺失。因此，我们要耐心，要把学习语言放在一个相对长的时间段内考虑，把目标定小一些。因为大的目标会让人产生拖延和恐惧，而小目标的完成则会让人感到愉悦和兴奋，从而坚持下去。

总之，"纸上得来终觉浅，绝知此事要躬行"，我们要想学好一门语言，就要边思考边学习，坚持不懈，才能达到心中的目标。

开放教育学院辅导员满意度测评表

测评项目	正向测评			反向测评			
	评价意见			表现情况	评价意见		
	好	较好	一般	差		不存在	轻微存在	比较突出
总体评价					不尊重学生的人格平等，不公正地对待每一位学生			
廉洁自律					不能及时、准确地传达学校的各项要求并有针对性地开展工作			
客观公正					工作不够认真负责，不善于与学生沟通			
耐心细致					思想不够解放，改革创新意识不强			
为人师表					工作思路不清，处理复杂矛盾的能力不强			
担当作为					缺乏民主、公平和公正处理班级各种问题的能力			
言行得当					缺乏领导力，调动学生积极性不够			
作风严谨					责任心差、能力水平低，不能履行或者胜任职责要求			
选人用人					缺乏为学生服务的情怀，处理学生工作方式方法简单，学生认可度低			
支持服务					工作态度不严谨，作风不够扎实			

注：请根据表现情况，将相应评价意见画"√"

续表

测评项目	正向测评 评价意见				表现情况（反向测评）	反向测评 评价意见		
	好	较好	一般	差		不存在	轻微存在	比较突出
组织能力					不能认真地组织实施学生入学教育、计算机培训和《国家开放大学学习指南》考核			
工作思路					工作敷衍应对，慵懒散拖，作风形象不佳，学生意见大			
积极进取					不及时发布教学安排通知，学生不能保质保量地完成课程任务			
跟踪服务					以权谋私，存在不廉洁行为，不能公开公正地开展各类评比，以及奖学金、优秀毕业生评选等			
职能作用					不能及时发布本专业面授课程和网上教学时间安排表			
创新能力					不能准确熟练地掌握本专业规则，实施计划和未完成计划及每位学生个性化学习情况			
导学助学					缺乏与导学生互动和导学工作的能力，不常与学生进行沟通和联系			
思政格局					信谣传谣，妄议中央大政方针，丑化党和国家的形象			
个人修养					未能及时通知学生参加毕业信息采集，影响学生后续毕业流程			
工作态度					未建立学生管理群，发布各类信息，不能确保每位学生信息畅通			

注：请根据表现情况，将相应评价意见画"√"

特色活动

运动是一切生命的源泉。
——达·芬奇

人的健全,不但靠饮食,尤靠运动。
——蔡元培

盘点各大名校的"特色"社团

清华大学：素食文化协会

　　清华大学学生素食文化协会，是一个以弘扬素食文化、促进大学生健康生活为己任的公益性学生社团。协会致力于在中国社会青年群体中弘扬素食文化，希望让素食文化理念和生活方式为青年学子所理解，为大学生的全面成长提供平台与助力。

南开大学：思源社

　　培养学生爱校情节、加强校内外南开人的沟通交流、弘扬南开文化以及促进南开发展。饮水思源，服务同学，奉献南开；面向社会，取之社会，用于社会。

哈尔滨工业大学：HIT公益未来社团

　　HIT公益未来成立于2016年，是由中国扶贫基金会新长城项目办公室倡导成立，由哈尔滨工业大学校学工处指导和校团委支持的学生公益社团。致力于为哈工大学子与社会之间搭建一个做公益的平台，从而在哈工大营造一个公益的氛围。

中山大学：金字塔学社

　　金字塔学社，始创于1981年，是中山大学现存社团中成立最早的学生社团，也是其中唯一一个跨越文理学科，集自然科学、社会关注、人文精神的综合性社团。自创办之日起，金字塔学社就一直以"营造校园学术文化氛围，提高学生社会意识"为社团的宗旨。

社团申请表

特色活动

基本信息						
姓名		性别		出生年月		照片
年级		专业				
QQ		电话				
微信号						
其他信息						
个人特长						
兴趣爱好						
申请理由						
想要参加的活动						
社团目标						

健康生活日

如何饮茶才健康？

　　茶是起源于中国的独特的保健饮品，现在越来越多的人都开始喝茶养生。众所周知，喝茶有益健康，尤其是长期坚持喝茶。以茶养生的关键在于掌握好喝茶的最佳时间，很多人都喜欢饭后立即饮茶，既解渴又舒服，但是其实这样很不科学，非但不能促进身体健康，反而有损于健康。饭后立即饮茶，会冲淡胃液，影响食物消化，从而影响了胃对食物的消化，给胃增加额外负担。此外，茶叶中含有大量的单宁酸，饭后喝茶，就会使胃中未来得及消化的蛋白质同单宁酸结合成一种不易消化的凝固物质，而影响蛋白质的消化和吸收。应该说，餐后一小时为饮茶的最佳时间，尽量不要空腹饮茶。早上喝红茶，下午喝绿茶，晚上喝黑茶。

开放学院学生会申请表

基本信息						
姓名		性别		出生年月		
年级		专业				照片
QQ		电话				
微信号						

其他信息	
学生会简介	开放教育学院学生会自2005年成立以来,一直以全心全意为同学服务为宗旨,以活跃校园文化气氛、健全校园文化制度为己任,全面提高学生会干部的思想素质和工作能力。
入会要求	学生会干部是学生中的先进分子和骨干,要热心为同学服务,关心他人,主动维护广大同学的利益,各方面做出表率。学生会全体成员必须严格遵守学生会各项制度,要有明确的组织性、纪律性。全体成员要保持严谨的工作态度,抵制个人主义,工作中要秉公无私,吃苦耐劳,勇于开创工作新局面,开拓新思路。
申请部门	○主席团　○学习部　○组宣部　○文体部　○外联部
特长及爱好	
自我推荐	

特色活动

健康生活日

酸梅汤的制作

炎热的夏季来一杯冰镇的酸梅汤，真是太惬意了，同学们也自己试着制作吧！
（以下为制作1000毫升酸梅汤饮料的用量，可以根据自己的喜好适当地增减用量）

用料：

烟熏乌梅：10～15颗

山　　楂：80～100克（给小朋友喝可以多加点）

甘　　草：5～10克

陈　　皮：5～10克

玫 瑰 茄：3～5克（女生可以适当多加点）

干 桑 葚：3～5克

干 桂 花：1～2克

冰　　糖：150～180克（黄冰糖比白冰糖甜一些，根据材料的不同适当地加减量）

纯 净 水：3～5升（水少浓度高，酸梅汤味道比较浓郁，水多口味偏清淡一点）

做法：

将除干桂花和冰糖外的其他固体原料准备好后放入干净的盆里浸泡2～3分钟，清洗2～3遍后，将水沥净，再把纯净水倒入盆里浸泡1个小时左右，将泡好后的材料倒入锅中，将剩余的纯净水加入锅中（根据锅的容量调整水），大火熬制水沸腾后3～5分钟转中火，中火熬制15分钟左右待汤的颜色变成深色且有浓郁的酸梅汤味道产生时，转小火慢慢熬制，熬制一个小时左右即可。干桂花可以快出锅时（提前1～2分钟）加，也可以熬好后加，桂花可以提香，但是也有人不喜欢这种味道，大家自行选择。最后，将熬制好的酸梅汤倒入干净的容器，再转放入冰箱内，美味可口的酸梅汤就做好啦！

注：如果提前浸泡过，就不用熬制特别久，如果喜欢喝浓度高的，可以加长熬制时间。

校园活动开放日调研表

基本信息					
姓名		性别	男○ 女○	出生年月	
年级		专业		手 机 号	

校园开放活动
(说明:下列各项活动均可通过线上、线下、线上线下相结合的形式进行,学生可根据自身的空闲时间及兴趣爱好自主选择,在其对应的选项下画"√")

项 目	愿意参加	不感兴趣	项 目	愿意参加	不感兴趣	项 目	愿意参加	不感兴趣
破冰日	○	○	观影日	○	○	相亲日	○	○
摄影日	○	○	读书日	○	○	公益日	○	○
游学日	○	○	舞台日	○	○	画展欣赏日	○	○
案例日	○	○	养生日	○	○	团体活动日	○	○
比赛日	○	○	分享日	○	○	音乐欣赏日	○	○
就业日	○	○	打磨日	○	○	创业项目对接日	○	○

文艺活动				
你是否有兴趣参加哈尔滨开放大学合唱团? 愿意参加○ 不感兴趣○				

体育活动
(学生可根据自身的空闲时间及兴趣爱好自主选择,在其对应的选项下画"√",可多选)

乒乓球	○	篮球	○	排球	○	羽毛球	○

其他信息	
个人特长	
兴趣爱好	
想法建议	

特色活动

摄影日

手机自动拍照功能的实用小技巧

随着智能手机的普及，我们习惯于用手机记录下美好的瞬间，你是否常常被照片模糊不清晰、时亮时暗的问题所困扰？下面就教大家几个手机自动拍照功能的实用小技巧。

1. 防止手机抖动。要想拍出清晰的照片，防止相机抖动是拍摄最基本的技能之一，拍摄时我们尽可能找到可以依靠或者凭借的支点，用于稳定身体，支撑手、肘等部位，在没有支点或依靠的情况下尽量用双手操作手机。受到距离或者角度的限制时，可以使用自拍杆等工具进行弥补，以便达到最佳的稳定效果。当然，如果想要拍出专业的效果，也可以借助三脚架、手持防抖手机云台等辅助工具。

2. 尽量不要使用变焦。因为手机相机的电子元件较小，变焦会降低图像质量，变焦程度越大图像质量就会越差，如果说我们的拍摄距离难以达到自己理想当中的创意构图，那么我们只需要把拍摄对象放在拍摄框架的正中央，扩大预想构图区域进行拍摄，后期利用手机内置的图像编辑软件，如美图秀秀等进行裁剪和修饰，以期达到完美的构图效果。

3. 拍摄前要清理镜头。在拍摄前我们要检查和清洁镜头表面，随身携带的餐巾纸、湿巾、软布，甚至衣角都可以用来清洁镜头，你不必担心镜头会刮花的问题，因为手机在设计时已经考虑到了这个问题。

4. 关于对焦的问题。拍摄时我们要养成在屏幕上对准拍摄主体点一下的好习惯，这有利于手机相机能够快速准确地进行对焦。

5. 关于曝光的问题。我们常常拿起手机对完焦以后就进行拍摄，拍出来的照片不是过暗就是太亮，这往往是因为我们没有很好利用手机相机曝光功能的问题。点中聚焦以后会出现一个类似于小太阳的标识，此时我们只需要上下滑动手指即可调整曝光强弱。

6. 关于人像的拍摄问题。拍摄人物时尽量让被拍摄主体面向光线，避免逆光或者偏光，以免有脸部黑暗或者阴阳脸的现象出现；当无法满足以上条件，被拍摄人物背景有亮光，如星空或很亮的海面时，人物后面的背景光很亮，如果这时拍照的话，人物就会因为曝光不足而显得黑暗，此时就需要我们适当地增加曝光度；反之背景大部分太黑的话，如在舞台上被聚光灯照射的人物，为了避免人物曝光过亮，此时就需要我们减少曝光度。

亲爱的小伙伴们，学习了这么多的手机摄影小技巧，是时候拿起你的手机来一场说走就走的旅行了！去拍摄一些属于自己的创意作品，让我们共同享受摄影带来的快乐吧！

摄影日 | 特色活动

分项练习

自选构图	描述你的构图思路或者粘贴拍摄的照片
自选构图	描述你的构图思路或者粘贴拍摄的照片
教师点评	
修改意见	

画展欣赏日

《声韵栖雁图》 200×200cm

《润语苍园》 200×200cm

作者简介：陈远东

哈尔滨师范大学美术学院中国画硕士；

哈尔滨理工大学艺术学院绘画系主任、副教授，硕士生导师；

中国美术家协会会员；

黑龙江中国画学会常务副会长；

黑龙江省工笔重彩画学会副会长；

黑龙江省美术家协会中国画艺术委员会副秘书长；

黑龙江省画院特聘画家；

黑龙江省中华文化促进会书画艺术委员会副主任。

曾多次参加国内外举办的大型美术作品展、学术交流展。

画作内容：

芦雁画的寓意与文士所追求的高逸、隐逸和娴静、幽雅精神观念有着内在的一致和通感。幽寂、荒寒境象往往与芦雁意象有着不解的缘分。芦雁的"幽闲"意象在文人画家心目中具有强烈的审美意象。这个意向与儒家的伦理观念和道家的老庄思想不无联系，正是在这种伦理思想的影响下，芦雁画更具深刻的情感表现和文化内涵。

雁自古就有着很丰富的情感表现，是人们愿望的化身，人们在社会生产活动中，逐渐认识到了雁的聪明才智，主要体现于"雁奴"之专职。李时珍在《本草纲目》的禽部中说雁有四德：寒则自北而南，止于衡阳，热则自南而北，归于雁门，其信也；飞则有序而鸣后和，其礼也；失偶不再配，其节也；昼则衔芦以避缯缴，其智也。当雁群在夜间宿于江湖芦苇之中的时候，有专雁在周围专司警戒，如遇袭击，则鸣叫报警。元好问的《惠崇芦雁》诗中有云"雁奴辛苦候寒更，梦破黄芦雪打声。"雁群栖息于芦苇之中，唯有雁奴不眠不休，恪守职责。这就是芦雁画的情感表现，极具智慧。

画展欣赏日　　特色活动

您欣赏的优秀画作	**温馨提示**：您可以把欣赏的好作品照片粘贴在这里哦

基本信息

中文名		作　　者	
类　型		创作时间	

画作内容

创作背景

校园活动日

展我风采，SHOW 出个性

_____活动纪要

时间_____   地点_____

精彩瞬间	温馨提示：这里可以粘贴或记录您认为最值得留念的精彩瞬间哦
我的收获	

校园活动日

特色活动

展我风采，SHOW 出个性

_____活动纪要

时间_____　　　　地点_____

精彩瞬间	温馨提示：这里可以粘贴或记录您认为最值得留念的精彩瞬间哦
我的收获	

校园活动日

展我风采,SHOW 出个性

_____活动纪要

时间_____   地点_____

精彩瞬间	温馨提示:这里可以粘贴或记录您认为最值得留念的精彩瞬间哦
我的收获	

校园活动日　　　特色活动

展我风采，SHOW 出个性

_____ 活动纪要

时间_____　　地点_____

精彩瞬间	
	温馨提示：这里可以粘贴或记录您认为最值得留念的精彩瞬间哦
我的收获	

校园活动日

展我风采，SHOW 出个性

_____活动纪要

时间_____　　　　地点_____

精彩瞬间	**温馨提示**：这里可以粘贴或记录您认为最值得留念的精彩瞬间哦
我的收获	

校园活动日

特色活动

展我风采，SHOW 出个性

_____活动纪要

时间_____　　　地点_____

精彩瞬间	温馨提示：这里可以粘贴或记录您认为最值得留念的精彩瞬间哦
我的收获	

75

校园活动日

展我风采，SHOW 出个性

_____活动纪要

时间_____　　　　　地点_____

精彩瞬间	**温馨提示**：这里可以粘贴或记录您认为最值得留念的精彩瞬间哦
我的收获	

游学分享日

出国游学注意事项

必备物品清单

1. 护照、身份证等能随时提供个人有效身份证明的证件。

2. 手机、充电器、国际电话卡。保存好随团的领队和当地大使馆的电话号码，在游学过程中遇到困难或者发生纠纷，要第一时间向随团领队和当地大使馆寻求帮助，千万不要自作聪明地去自行解决，以免给自己带来不必要的麻烦。

3. 自备地图并做好攻略。无论是纸质地图也好，还是手机电子版地图也好，都是保证你不迷路的重要工具。完美的攻略，能让自己的游学具有明确的目的性和规划性，能保证自己尽可能多地去领略异国他乡的风土人情。

4. 国际通用银行卡及少量当地现金。这是你游学的财力保障，少量现金可以用于应急或支付小费等。

5. 多功能转换插头。这是保证你随身携带的电器用品能够持久续航的必备工具之一。

6. 必备药品和应急药品。按游学的时间长短准备好自身必需的药品用量和应急药品，如感冒药、消炎药、肠胃药等。

7. 日常用品按照个人习惯与喜好酌情携带。

遵守法律　尊重民俗

每个国家、每个民族都有自己独特的风俗习惯。出行时一定要对此了然于心，时刻谨记随团领队叮嘱我们的注意事项，在尊重当地风俗和他人生活习惯的同时，要熟悉和遵守当地的法律法规，遵守国际文明公约，时刻维护作为一名中国人的国际形象。

游学分享日

_____交流访学

时间_____年_____月_____日_____   地点_____

活动主题_____

活动成员	
活动内容	

游学分享日 特色活动

活动过程	
小组讨论	

游学分享日

精彩瞬间	
学习感悟	

没有理想，就达不到目的；
　没有勇敢，就得不到东西。
　　　　　　——别林斯基

规章制度

矩不正　　　不可为方

规不正　　　不可为圆

快乐学习日

开启你的文学之旅

　　文学是什么？它是打开人生的最好方式。相信在你的阅读记忆里，总会有一首小诗让你久久难忘，总会有一篇散文让你长铭于心，总会有一个形象让你感动震撼，总会有一段话语让你信手拈来，这就是文学的魅力。阅读、欣赏文学作品的乐趣就在于可以将那些美妙的感受留驻心头，可以在字里行间寻绎生命的轨迹，可以真切地体验一种诗意的栖居！

　　有人说，读书像交友，一本好书会让我们的心灵少一份孤独。有这样一本可以滋养心灵的好书，那就是林语堂先生写的《苏东坡传》。

　　苏轼是北宋著名文学家，其诗、词、赋、散文众体皆擅长，而且精通书法和绘画，有极高的艺术造诣，是中国文学史上罕见的全才，很多人都是从诗词中认识苏轼的，你一定学过著名的《题西林壁》《惠崇春江晚景》，吟诵过他的"大江东去，浪淘尽"和"明月几时有，把酒问青天"……这些脍炙人口的名篇佳句或豪壮或优美或充满趣味与智慧，给了我们太多的滋养，而这些作品的背后是什么呢？是苏轼非同寻常的人生。如果给它加一个标签，那上面写的一定是坎坷、坎坷，还是坎坷。他在《自题金山画像》这首诗中写道："心似已灰之木，身如不系之舟。问汝平生功业，黄州惠州儋州。"作为北宋的一名官员，他身不由己，四处漂泊，事业受挫，一再被贬，被流放到偏远的地区。他以自嘲的口吻用黄州、惠州、儋州这三个地方形象地写出了自己三次被贬，一次比一次苦，一次比一次远。但是无论流落何方，他都始终保持积极乐观的人生态度，从容面对一切，勇于逆风破浪。

　　难怪林语堂先生在《苏东坡传》的开篇一口气给苏东坡罗列了19个头衔。"一个无可救药的乐天派、伟大的人道主义者、黎民百姓的朋友、造酒试验家、瑜伽修炼者、月下漫步者……"他在经历了生活的凄风苦雨之后，依然热爱生活，活得坦然，活得自在，活得有味，活得通透，活出了人生的大智慧，这才是生活的强者。

学籍管理办法

为加强学籍管理工作，保证人才培养质量，保障学生合法权益，遵照贯彻执行《国家开放大学学籍管理办法（试行）》文件精神，结合我校教学、教务管理实际情况，特制定本办法。

一、适用对象

第一条 本办法适用于在我校注册国家开放大学开放教育学习的学生。

二、入学注册

第二条 开放教育专业招生实行入学资格审核制度。符合入学资格的学生，持入学通知书到哈尔滨开放大学开放教育学院办理入学注册手续，取得国家开放大学相应类别、层次和专业的学籍。

第三条 学生基本信息是学生学籍管理、毕业证书电子注册的依据。入学注册时，学生须在认真核对内容后签字，并对签字的内容承担相应的责任。入学注册后，姓名、性别、出生日期、身份证号、民族等基本信息不能随意更改，学生在读期间，姓名与身份证号都不得进行修改。

第四条 开放教育学籍管理实行学籍8年有效，学生入学时将统一注册国家开放大学终身学习档案，该档案终身有效，可保存在读期间学习记录和成果。

三、课程考核及成绩评定

第五条 有关课程考核的要求，按照国家开放大学考试相关规定执行。

第六条 课程综合成绩一般由形成性考核成绩和终结性考试成绩两部分组成。形成性考核成绩和终结性考试成绩的合成及其比例，按照课程教学实施方案执行。综合成绩60分以上含60分为合格。凡课程综合成绩合格者即可取得该课程的学分。

四、免修免考与学分替换

第七条 免修免考课程替代，其专业层次、教学内容、教学要求须不低于现修专业被替代课程的专业层次、教学内容、教学要求。

第八条 学生可根据已修课程或证书、学历，申请相应的课程进行免修免考或者学分替换。

第九条 课程免修免考的申请，经国家开放大学审核批准后方可生效。

第十条 经审批同意免修免考的课程允许进行学分替换，学分替换的学分按现修专业中被替代课程规定的学分记载，成绩按"免考"记载。

第十一条 专业集中实践环节不能免修免考。

五、学籍异动

第十二条 学生因工作调动、家庭搬迁等原因可以申请转学。

1. 学生本人在学期开学后 3 周内（含第 3 周）向学校提出申请，并填写《国家开放大学学生转学审批表》。
2. 学生持《国家开放大学学生转学审批表》到转出、转入的学校办理转学手续，转学之前所取得的学分及学习成果自动转入所迁入的学校。
3. 学生申请转入的学校开设相同专业且能够提供教学服务，方可转学。
4. 学生转学前已获得的符合所修专业教学计划要求的成绩及学分仍然有效，并按实际成绩和学分记载。
5. 转学后学籍有效期仍从入学注册起计算。
6. 入学后第一个学期不能转学。
7. 申请转学的同时可以申请转专业。

第十三条 学生因工作调动、不适应本专业的学习等原因可以申请转专业。

1. 学生本人在学期开学后第 3 周内（含第 3 周）向学校提出申请，并填写《国家开放大学学生转专业审批表》，经哈尔滨开放大学教务处审核批准后，方可转专业。
2. 学校已经开设学员转入的专业且能够提供教学服务，方可转专业。
3. 学生已获得的符合所学专业的成绩及学分仍然有效，并按实际成绩和学分记载。
4. 入学后第一个学期不能转专业。

第十四条 学生可以自愿退学。

学生本人向学校提出申请，填写《国家开放大学退学申请表》，学校审核批准且办理相关手续后，退学生效。

六、申请及颁发学历证

第十五条 学生达到学历证书颁发要求，颁发国家承认的学历证书，毕业要求包括：

1. 达到学历教育对应的教学计划规定的各项最低学分；
2. 思想品德经鉴定符合要求；
3. 开放教育本科学生需填写《国家开放大学毕业申请表》。

第十六条 学历证书由国家开放大学统一印制并颁发，哈尔滨开放大学负责学历证书的发放管理。学历证书内容包括：

1. 姓名、性别、出生日期；
2. 专业、学制、层次（专科、专科起点本科等）；
3. 毕业时间：每年 1 月以前（含 1 月）达到毕业要求并申请毕业的为当年 1 月，每年 7 月以前（含 7 月）达到毕业要求并申请毕业的为当年 7 月；
4. 办理学历证书的照片需由中国图片社统一采集，未参加采集，学历信息将无法上网。

七、学位

第十七条 本科毕业生达到申请学位要求，可向所在学校进行申请并填写《国家开放大学学位审批表》，哈尔滨开放大学进行审核，报国家开放大学审批后，由对应的学位授予高校或国家开放大学授予。

第十八条 毕业生申请学位，须符合《中华人民共和国学位条例》和《国务院学位委员会关于授予成人高等教育本科毕业生学士学位暂行规定》（〔88〕学位字012号）及国家开放大学与学位授予高校共同制定的学士学位授予实施细则的要求。

第十九条 毕业生须在申请毕业的同时申请学位。

第二十条 未通过学位终审者不再补授学士学位。

八、学历证明书和学位证明书

第二十一条 学历证书、学位证书遗失，不再补发。经学生提出申请，学校出具学历证明书、学位证明书，证明书与原证书具有同等效力。

第二十二条 毕业证明书由国家开放大学出具，学生办理毕业证明书须向哈尔滨开放大学提出申请。

第二十三条 学位证明书由学位终审高校出具。办理学位证明书按照学位授予高校的相关规定执行。

九、缴纳相关费用

第二十四条 学生在校学习期间，须在规定时间，依据物价管理部门核定的收费项目及标准，及时、足额缴纳相关费用。

十、奖励与处分

第二十五条 对学业和操行等方面表现优秀的或其他某一方面表现突出的学生，哈尔滨开放大学可通过通报表扬、授予奖状、颁发奖品、设立奖学金等形式予以表彰、鼓励，同时也可报国家开放大学申请奖学金等。

第二十六条 对有违法、违纪、违规行为的学生，哈尔滨开放大学可视其情节轻重给予批评教育或纪律处分。处分分为下列6种：警告、严重警告、记过、留校察看、开除学籍、取消终身学习档案记录的一切成绩或取消已取得的学历资格及非学历资格。

第二十七条 警告、严重警告、记过和留校察看处分，由哈尔滨开放大学决定；开除学籍、取消学籍或取消成绩及学历资格处分由国家开放大学决定。

第二十八条 留校察看处分一般为期一年，其间不予转学、毕业。

留校察看期间确已认识错误，有进步表现者，可按期解除处分；有立功表现，并对社会有较大贡献者，可申请提前撤销处分；期满后经教育不改者，给予开除学籍处分。

解除或撤销留校察看处分由做出处分决定的哈尔滨开放大学做出相应决定。

第二十九条 学生有下列情形之一，哈尔滨开放大学可给予开除学籍处分：违反宪法、反对四项基本原则、破坏安定团结、扰乱社会秩序的；触犯国家刑律，构成严重刑事犯罪的；违反治安管理规定受到处罚，性质恶劣的；由他人代替考试、替他人参加考试、组织作弊、使用通信设备作弊及有其他作弊行为情节严重的；剽窃、抄袭他人研究成果，情节严重的；违反学校规定，严重影响学校教育教学秩序、生活秩序以及公共场所管理秩序，侵害其他个人、组织合法权益，造成严重后果的；屡次违反学校规定受到纪律处分，经教育不改的；采取弄虚作假手段取得入学资格的；其他严重违反校规校纪应开除学籍的。

开除学籍的学生，二年后可重新申请报读哈尔滨开放大学开放教育。

第三十条 对经查实入学资格与本人承诺不符的尚在籍者取消学籍，已毕业者取消毕业资格、撤销电子注册号、收缴毕业证书。

取消学籍或取消毕业资格的学生，可重新申请报读哈尔滨开放大学开放教育。

第三十一条 对学生提出警告、严重警告、记过和留校察看处分意见前，学校须告知学生本人拟处理处分的事实、理由、依据并听取学生（或其代理人）的陈述和申辩。由哈尔滨开放大学审批并出具处分决定书。

对学生提出开除学籍、取消学籍或取消毕业资格处分意见前，哈尔滨开放大学须告知学生本人拟处理处分的事实、理由、依据并听取学生（或其代理人）的陈述和申辩。开除学籍、取消学籍或取消毕业资格处分，由国家开放大学审批并出具处分决定书，处分决定书内容应包括处理处分事实、理由及依据，并告知学生可以提出申诉及申诉的期限。处分决定书由哈尔滨开放大学送交学生本人。

第三十二条 学生若对哈尔滨开放大学做出的处分决定有异议，在接到处分决定书之日起15个工作日内，可向哈尔滨开放大学提出书面申诉，学生若对国家开放大学做出的处分决定有异议，可在接到处分决定书之日起15个工作日内向国家开放大学提出书面申诉，哈尔滨开放大学或国家开放大学在接到学生书面申诉之日起15日之内，组织学生申诉处理委员会对学生申诉进行听证后，做出复查结论并书面告知申诉人。复查结论分两类，一是维持原处理决定，二是撤销处分决定，并在原宣布范围内公布。

学生若对哈尔滨开放大学复查决定仍存异议，可以在接到复查决定书之日起15个工作日内向国家开放大学提出书面申诉，国家开放大学接到学生书面申诉之日起15个工作日内，对申诉人的申诉进行复查并给予答复。

从处分决定书或复查决定书送交之日起，学生在申诉期内未提出申诉，哈尔滨开放大学及国家开放大学不再受理其申诉。

第三十三条 国家开放大学、哈尔滨开放大学做出奖励、处分及撤销处分的决定，均记入学生档案。

十一、附则

第三十四条 哈尔滨开放大学负责本办法的解释及修订事宜。

关于信息修改的要求

修改内容	需提供的材料
姓名	1. 身份证原件的电子版扫描件及纸质复印件； 2. 户口本中曾用名所在页原件的电子版扫描件及纸质复印件或由公安部门出具的变更证明原件的电子版扫描件及纸质复印件，该项只限在籍期间发生姓名变更的同学； 3. 报名登记表原件的电子版扫描件及纸质复印件； 4. 毕业生登记表的电子版扫描件及纸质复印件，该项只限毕业生信息修改
身份证号码	1. 身份证原件的电子版扫描件及纸质复印件； 2. 公民身份证号码更正事项告知函原件的电子版扫描件及纸质复印件或公民身份证号码变更证明原件的电子版扫描件及纸质复印件或公安部门出具的变更证明原件的电子版扫描件及纸质复印件，该项只限在籍期间发生身份证号码变更的同学； 3. 报名登记表原件的电子版扫描件及纸质复印件； 4. 毕业生登记表的电子版扫描件及纸质复印件，该项只限毕业生信息修改
性别	1. 身份证原件的电子版扫描件及纸质复印件； 2. 报名登记表原件的电子版扫描件及纸质复印件；
民族	3. 毕业生登记表的电子版扫描件及纸质复印件，该项只限毕业生信息修改
入学文化程度	1. 学历认证报告原件的电子版扫描件及纸质复印件，专科以下学历变更提供毕业证书原件的电子版扫描件及纸质复印件

温馨提示：

1. 接到辅导员通知后带身份证原件尽快到校办理，以免错过办理时间；
2. 身份证需将正、反两面扫描在同一页；
3. 每张电子版扫描件大小控制在 10MB 以内，图片格式为 jpg 或 png；
4. 按扫描件内容命名图片（例：身份证图片，就以"身份证"命名 jpg 或 png 文件）。

学生基本信息修改情况表

班级：　　　　　　办理日期：

姓名				学号	
联系方式					
修改内容	姓名□ 民族□		性别□ 入学文化程度□		身份证号□
正确信息					
错误信息					
更改原因					
上交材料	身份证原件电子版扫描件及纸质复印件□ 户口本原件电子版扫描件及纸质复印件□ 公安部门出具的变更证明原件电子版扫描件及纸质复印件□ 公民身份证号码变更证明原件电子版扫描件及纸质复印件□ 报名登记表原件电子版扫描件及纸质复印件□ 学历认证报告原件电子版扫描件及纸质复印件□ 毕业证书原件电子版扫描件及纸质复印件□ 毕业生登记表电子版扫描件及纸质复印件□				
学生本人签字：			经办人签字：		
备注					

温馨提示：身份证原件电子版扫描件示例（身份证正、反面扫描在同一页）如下：

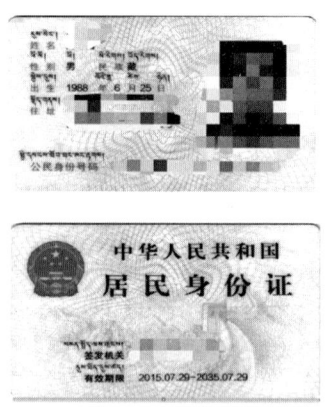

转专业的流程

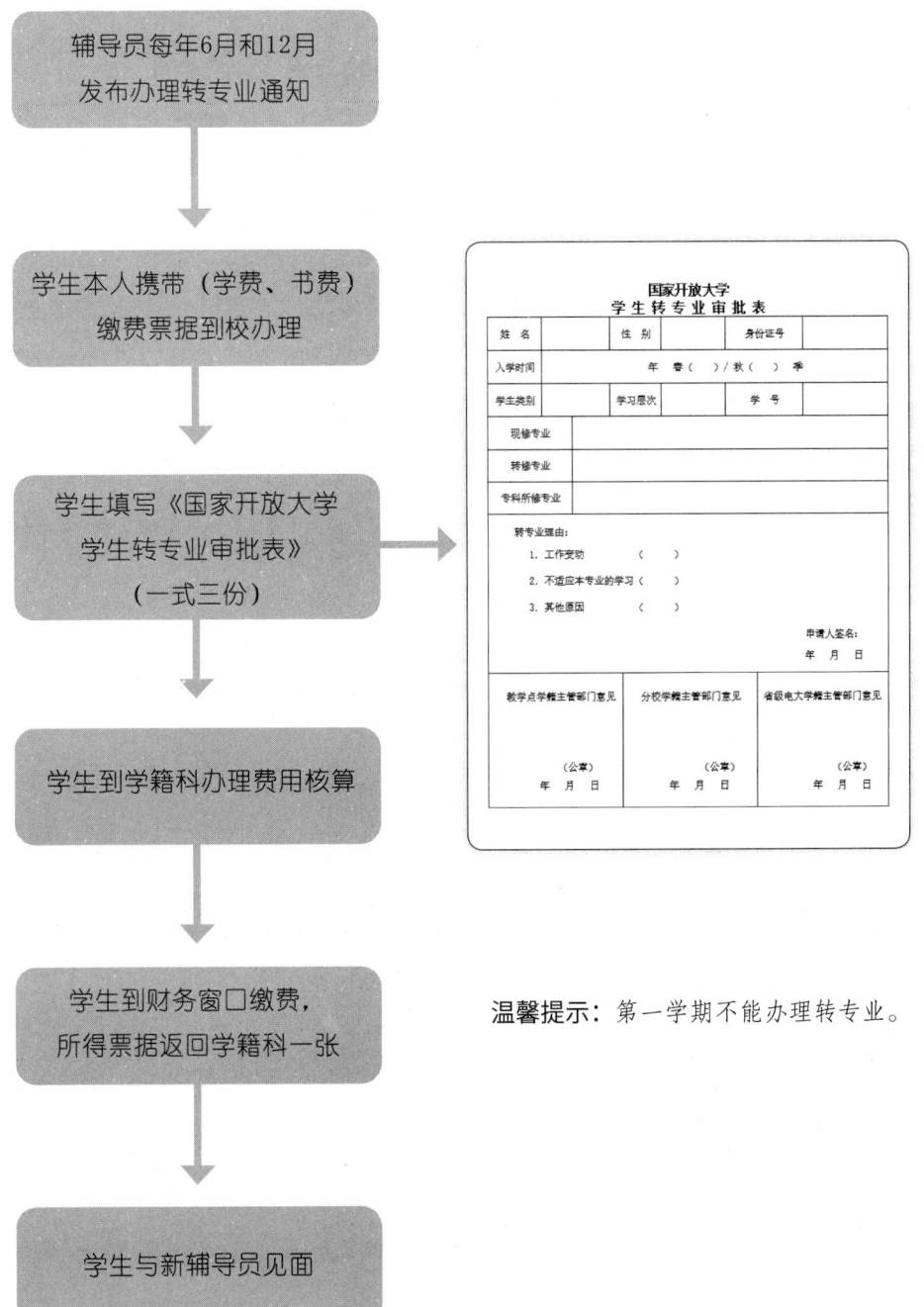

温馨提示：第一学期不能办理转专业。

国家开放大学
学生转专业审批表

姓　名		性　别		身份证号	
入学时间		年　春（　）/ 秋（　）季			
学生类别		学习层次		学　号	
现修专业					
转修专业					
专科所修专业					
转专业理由： 1. 工作变动　　　　　　　　（　） 2. 不适应本专业的学习　　（　） 3. 其他原因　　　　　　　（　） 　　　　　　　　　　　　　　申请人签名： 　　　　　　　　　　　　　　　年　　月　　日					
教学点学籍主管部门意见 （公章） 　年　　月　　日		分校学籍主管部门意见 （公章） 　年　　月　　日		省级电大学籍主管部门意见 （公章） 　年　　月　　日	

填表说明：

1. 入学时间请填写年份并在相应的季节后画"√"；"转专业理由"可在相应内容后画"√"，"其他原因"需详细说明。

2. 申请人为专科层次的学生，不需填写"专科所修专业"一栏。

3. "主管部门意见"为学籍管理科上级部门意见，如教务处、学生处等。

4. 省级电大直属教学点不签署"分校学籍主管部门意见"。

5. 此表一式三份，分别留存教学点、分校和省级电大。

退学流程

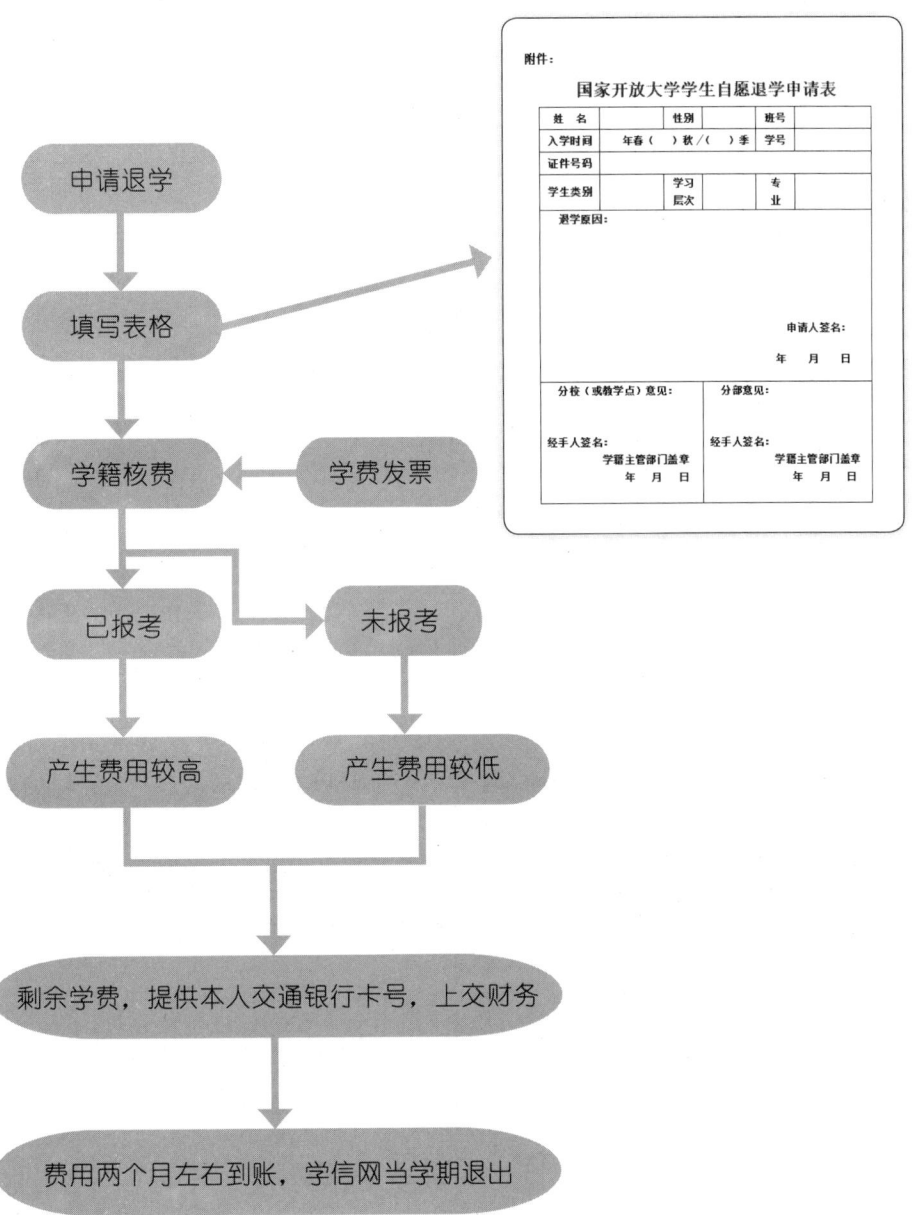

温馨提示：如果想退学，一定第一时间联系辅导员老师，一旦退学将无法恢复学籍，请慎重考虑哦！

国家开放大学学生自愿退学申请表

姓　　名		性　　别		班　号	
入学时间	年　春（　）/秋（　）季			学　号	
证件号码					
学生类别		学习层次		专　　业	

退学原因：

　　　　　　　　　　　　　　　　　　　　　　　　　　申请人签名：

　　　　　　　　　　　　　　　　　　　　　　　　　　　　　年　　月　　日

分校（或教学点）意见：	分部意见：
经手人签名：	经手人签名：
学籍主管部门盖章	学籍主管部门盖章
年　　月　　日	年　　月　　日

国家开放大学奖学金评选

一、评选目的

充分发挥优秀学生的示范和引领作用,调动学生的学习积极性和主动性,激励学生克服困难、刻苦学习,顺利完成学业。

二、评选对象

国家开放大学开放教育各专业在读学生。截至××××年××月××日,已修满本专业毕业最低学分,进入毕业审核阶段的学生不在奖励范围之内。

三、奖学金来源

国家开放大学奖学金由国家开放大学专项拨款。

四、申请条件

1. 热爱祖国,拥护中国共产党的领导,具有坚定正确的政治方向,遵守国家法律、法规和学校各项规章制度,品德优良,行为规范。

2. 学习目的明确,学习态度端正,勤奋努力,锐意进取,积极参加学校组织的教学和其他各项活动,具有较强的自主学习能力,并在学习中善于合作、乐于帮助和带动他人共同学习。

3. 入学一年以上,已获得毕业总学分40%以上本专业课程学分(不包括补修课程学分)。已经获得过国家开放大学奖学金的学生再次申请奖学金时,需再获得30%以上的课程学分。

4. 学习成绩优良,本专业课程平均成绩不低于85分。

5. 在读期间获得国家、省(部)级奖励,对社会做出突出贡献者,不受奖学金分配名额限制且可适当放宽第3、4条中所列条件要求。

6. 省(部)级奖励是指省级党委、政府直接授予的奖励和国家各部委授予的奖励,省级党委或政府所属委、办、厅(局)等部门授予的省级劳动模范、五一劳动奖章、三八红旗手和青年五四奖章等奖项也视为省级奖励。

五、报送材料及要求

1. 国家开放大学奖学金申请表。申请表格式不得改动。
2. 奖学金候选人成绩单。
3. 奖学金候选人1寸彩色证件照片一张(贴在申请表上)。
4. 奖学金候选人入学后所获奖励证书复印件。

5. 奖学金候选人交通银行账号（用于拨付奖学金）。

6. 特别优秀候选人材料（普通候选人不需提交此项）。事迹特别突出的候选人，需加事迹介绍和一张5寸彩色生活照等材料（注：同时提交电子版）。事迹介绍2000字左右，主要包括：在读期间突出的学习表现、工作中的突出成绩及所获奖励情况等（要求有具体事例）。国家开放大学将对特别优秀的获奖学生事迹进行重点宣传。

国家开放大学奖学金申请表

姓　　名		性　　别		出生年月		贴1寸彩色证件照片
籍　　贯		民　　族		政治面貌		
学习中心		本／专科		专　　业		
学　　号				入学时间		
工作单位				职务／职称		
联系电话				电子邮箱		
工作经历和专科及以上学习经历						
对照奖学金申请条件简述申请理由（可从以下四个方面阐述，不少于300字，可加附页）： 一、在国家开放大学学习情况 1. 学习过程（如个人学习过程事例、学习方法以及克服学习困难的经历等） 2. 学习成绩（包括在校期间的成绩等） 3. 其他方面的表现（如担任学生干部情况、参加学校活动、社会实践等） 二、工作和社会活动情况 1. 工作情况（包括学以致用、工作所获成绩和奖励等） 2. 社会活动（包括参加社会活动情况和所获社会奖励等） 三、国家开放大学学习体会和收获 1. 学习体会（如学习感受和学习心得等） 2. 学习收获（如学习对个人能力提升、职业发展和人际交往的帮助等） 四、对奖学金的认识及未来努力方向 1. 对奖学金的认识和理解 2. 未来学习计划、展望等						

续表

国家开放大学入学后的获奖情况（按时间顺序填写，并与提交的获奖证书复印件对应）

以上内容由申请人本人如实填写。
申请人签名：　　　　　　年　　月　　日

学习中心初审意见：
负责人签名：　　　　　　　　　　　　　　（公章） 　　　　　　　　　　　　　　　　　　年　　月　　日

分部、相关学院评审意见（包括公示情况）：
分部、相关学院主管校领导签名：　　　　　（公章） 　　　　　　　　　　　　　　　　　　年　　月　　日

总部终审意见：
  　　　　　　　　　　　　　　　　　　（公章） 　　　　　　　　　　　　　　　　　　年　　月　　日

国家开放大学优秀毕业生评选

一、评选目的

充分发挥优秀学生的示范和引领作用，调动学生的学习积极性和主动性，激励学生克服困难、刻苦学习，顺利完成学业。

二、评选范围及奖励金额

20××年1月和7月国家开放大学本科（专科起点）及专科毕业生。每生奖励××××元。

三、评选条件

1. 热爱祖国，拥护中国共产党的领导，具有坚定正确的政治方向，遵守国家法律、法规和学校各项规章制度。

2. 品德高尚、行为端正，具有良好的道德修养和职业素养，在读期间表现优异，在工作岗位上成绩突出。

3. 学习认真刻苦，成绩优良，本专业课程平均成绩和综合实践（毕业论文、毕业设计、毕业作业）成绩均不低于75分。其中，未设置毕业论文（毕业设计、毕业作业）的专业，则按综合实践类课程（如综合实训、综合实践等课程）成绩计算。

4. 在读期间或毕业后获得国家、省（部）级荣誉称号者，推荐时不受名额限制，对学习成绩的要求可适当放宽。

四、报送材料

1. 优秀毕业生候选人推荐表；
2. 优秀毕业生候选人事迹介绍；
3. 优秀毕业生候选人成绩单；
4. 候选人5寸学习或工作照片一张、1寸彩色证件照片一张；
5. 优秀毕业生候选人进入国家开放大学学习以来获奖证书复印件；
6. 候选人本人身份证和交通银行银行卡（正面）复印件一张。

以上材料在提交纸质材料的同时，还需提交电子文件。

优秀毕业生候选人推荐表

姓　　名		性　　别		出生年月		打印或贴 1 寸免冠照片
籍　　贯		民　　族		政治面貌		
学习中心		本 / 专科		专　　业		
学　　号				入学时间		
毕业证电子注册号				毕业时间		
工作单位				职务 / 职称		
联系电话				邮　　箱		

进入国家开放大学学习以来及毕业一年内，何时何地获得何种奖励

学习中心意见：
负责人签名：　　　　　　　　　　　　　　　　　　　　单位（公章） 　　　　　　　　　　　　　　　　　　　　　　　　年　　月　　日

各分部、相关学院审核意见（包括公示情况）：
主管校长签名：　　　　　　　　　　　　　　　　　　　学校（公章） 　　　　　　　　　　　　　　　　　　　　　　　　年　　月　　日

国家开放大学评委会审核意见：
国家开放大学（公章） 　　　　　　　　　　　　　　　　　　　　　　年　　月　　日

国家开放大学学生考试纪律与违规处理办法
（试行）

第一章　总则

第一条　为加强国家开放大学考试管理，严肃考风考纪，规范对学生考试违规行为的认定与处理，维护考试的公平公正，保障学生合法权益，根据《中华人民共和国教育法》《国家教育考试违规处理办法》及相关法律、行政法规，制定本办法。

第二条　本办法适用于国家开放大学组织的课程终结性考试、形成性考核、学位英语考试、单科课程考试等考试，其中课程终结性考试主要包括集中在考场进行的纸笔考试和计算机考试两种形式。

第三条　本办法中考生是指参加国家开放大学组织考试的学生；考试工作人员是指主考、监考、巡考、试卷评阅、考务管理和技术支持等考试工作相关人员；违规是指考生违反考试管理规定的各种行为，按性质主要分为违纪、作弊、替考和扰乱考试秩序等四类。

第二章　考试纪律

第四条　考试开始前15分钟考生凭准考证（考试通知单）、学生证和有效身份证件（居民身份证、港澳台居民居住证、护照）进入规定考场对号入座，并将准考证（考试通知单）、学生证和有效身份证件放在考桌左上角，以便监考人员查验。无证或者证件不全的考生不得参加考试。

第五条　考生考试时不允许携带各种通信工具。

第六条　参加闭卷考试的考生，除携带必要的文具外，不准携带其他物品。参加非闭卷考试的考生，除携带必要的文具和该考试科目允许的相关资料外，不准携带其他物品。已携带入场的其他物品应按要求存放在指定位置。

第七条　考生领到试卷后，应首先检查试卷，如发现试卷不全、缺损、漏印、错印等情况，要举手向监考人员报告。

第八条　考生答题前，应在试卷、答卷（含答题纸、答题卡等，下同）指定区域准确完整填写姓名、准考证号、学号、座位号等信息，字迹要工整清晰。禁止在试卷、答卷指定区域外填写学号、姓名等信息，或做其他标记。

第九条 考试开始指令发出后，考生才能开始答题。

第十条 考试开始30分钟后，考生停止进入考场。开考30分钟后考生方可交卷离开考场（有特殊要求的考试除外）。考生交卷后应立即离开，不得在考场附近逗留、交谈，不得再返回考场继续考试。

第十一条 考生答题时只允许使用同一种颜色（黑色或蓝色）字迹的钢笔、圆珠笔或签字笔作答，特殊要求的科目（如答题纸、作图等）按具体要求执行。

第十二条 考试期间考生不得询问试题题意，若发现试题字迹模糊或试题有误，可举手向监考人员询问，不准询问其他考生。

第十三条 考试期间考生应独立作答，不准擅自借用其他考生文具，不准旁窥、交头接耳、传递物品、打手势、做暗号，不准抄袭他人答卷或允许他人抄袭本人答卷，严禁夹带、换卷、替考以及其他违规行为。

第十四条 考试期间考生原则上不允许上厕所，若遇特殊情况，须由工作人员陪同出入考场。

第十五条 考试结束指令发出后，考生应立即停止答题，将答卷反扣在桌面上。待监考人员收齐试卷、答卷并确认无误后，考生按监考人员要求离开考场。严禁将试卷、答卷、草稿纸等考试用纸带出考场。

第十六条 留考考生应服从考试工作人员的安排，不得与其他考生或人员接触。

第十七条 考生应服从考试工作人员的管理，不得以任何理由拒绝、妨碍考试工作人员履行工作职责，不得扰乱考场秩序，不得恐吓、威胁、侮辱、诽谤、诬陷或者以其他方式侵害考试工作人员及其他考生的人身安全和合法权益。

第三章 违规行为的认定

第十八条 考生不遵守考试纪律，不服从考试工作人员的安排与要求，有下列行为之一的，应当认定为违纪：

（一）考试时携带规定以外的物品或者未将其放在指定位置；

（二）未在规定的座位进行考试；

（三）考试开始信号发出前答题或者考试结束信号发出后继续答题；

（四）考试过程中旁窥、交头接耳、打手势或做暗号；

（五）在考场或考试管理部门禁止的范围内，喧哗、吸烟或者实施其他影响考试秩序行为；

（六）使用规定以外的纸笔答题、在试卷答卷指定区域以外书写姓名、准考证号、学号或者以其他方式在答卷上标记信息；

（七）考试过程中擅自进入或离开考场；

（八）留考期间未经考试工作人员允许与其他考生或人员接触；

（九）参加计算机考试期间擅自使用优盘、移动硬盘等外接设备；

（十）其他违反考试纪律但尚未构成作弊的行为。

第十九条 考生违背考试公平、公正原则，在考试过程中有下列行为之一的，应当认定为作弊：

（一）违反规定携带与考试内容相关的材料或者存储有与考试内容相关资料的电子设备参加考试；

（二）抄袭或者协助他人抄袭；

（三）抢夺、窃取他人试卷、答卷或者胁迫他人为自己抄袭提供方便；

（四）携带具有发送或者接收信息功能的通信工具和设备；

（五）故意破坏、销毁试卷、答卷或考试材料；

（六）在答卷上填写与本人身份不符的姓名、准考证号、学号等信息；

（七）传、接物品或者交换试卷、答卷、草稿纸；

（八）其他以不正当手段获得或者试图获得试题答案、考试成绩的行为。

第二十条 考试期间或者考试结束后发现考生有下列行为之一的，应当认定相关考生实施了考试作弊行为，也认定为作弊：

（一）通过伪造证件、证明、档案及其他材料获得考试资格、免试资格和考试成绩；

（二）试卷评阅过程中答卷被认定为答案雷同；

（三）形成性考核被认定为答案雷同；

（四）将试卷、答卷、草稿纸等考试用纸带出考场；

（五）考试工作人员协助实施作弊行为；

（六）其他应认定为作弊的行为。

第二十一条 考试期间或者考试结束后发现考生有下列行为之一的，应当认定为替考：

（一）由他人代替参加考试；

（二）代替考生参加考试；

（三）试卷评阅过程中答卷被认定为笔迹相同；

（四）形成性考核由他人代做或笔迹相同；

（五）未参加考试而以不正当手段获得成绩；

（六）其他应认定为替考的行为。

第二十二条　考生有下列行为之一的，应当认定为扰乱考试秩序：

（一）考前窃取考试试题、答案或将计算机考试试题拷贝带出考场；

（二）故意扰乱考点、考场、试卷评阅场所等考试工作场所秩序；

（三）拒绝、妨碍考试工作人员履行管理职责；

（四）恐吓、威胁、侮辱、诽谤、诬陷或者以其他方式侵害考试工作人员及其他考生人身安全和合法权益的行为；

（五）故意损坏考场设施设备；

（六）其他扰乱考试管理秩序的行为。

第四章　违规行为的处理

第二十二条　被认定为"违纪"的，取消涉事考生该科目考试成绩。在涉事考生成绩档案中该科目记录"违纪"。

第二十四条　被认定为"作弊"的，取消涉事考生该科目考试成绩，取消学士学位申请资格。情节较重的，同时取消涉事考生当次报考各科目考试成绩。在涉事考生成绩档案中该科目记录"作弊"。

有下列情形之一的，同时给予涉事考生停考一学年、严重警告及以上纪律处分，并在办学组织体系内通报批评；情节特别严重的，可同时取消涉事考生学习期间所有成绩或开除学籍：

（一）组织、参与团伙作弊；

（二）考试过程中使用通信工具向考场外发送、传递试题信息；

（三）考试过程中使用通信工具接收信息。

有下列情形之一的，取消涉事考场或考点全体考生成绩，其中有下列前两条情形之一的，同时对涉事考生按"作弊"进行处理：

（一）考场纪律混乱，考试秩序失控，出现大面积考试作弊现象；

（二）经鉴定"雷同"答卷超过该考场实际答卷数三分之一；

（三）在考点以外的场所参加考试；

（四）在非规定时间内参加考试。

第二十五条 被认定为"替考"的，取消涉事考生当次报考各科目考试成绩，停考一学年，取消学士学位申请资格，给予留校察看及以上纪律处分，并在办学组织体系内通报批评。在涉事考生成绩档案中该科目记录"替考"。替考两次及以上的，同时取消涉事考生学习期间所有成绩或开除学籍。

第二十六条 被认定为"扰乱考试秩序"的，终止涉事考生本科目考试，取消其当次报考各科目考试成绩，取消学士学位申请资格，给予留校察看及以上纪律处分。在涉事考生成绩档案中该科目记录"扰乱考试秩序"。考生行为违反《中华人民共和国治安管理处罚法》的，由公安机关进行处理，构成犯罪的，由司法机关依法追究刑事责任。

第二十七条 考生以违规行为获得的考试成绩并由此取得的学历证书、学位证书无效，总部收回证书并撤销学历。

第五章 违规行为认定与处理程序

第二十八条 考试工作人员在考试过程中发现考生实施本办法中第十八条、第十九条、第二十一条所列违纪、作弊、替考等相关行为的，应当及时以纠正并如实记录，对考生用于作弊的材料、工具等，应予暂扣。

违规记录作为认定考生违规事实的依据，应当由两名（含）以上监考人员或其他考试工作人员签字确认。

考试工作人员应当告知涉事考生违规记录的内容，对暂扣的考生物品填写收据。

第二十九条 考试工作人员发现本办法第二十条、第二十一条、第二十二条、第二十四条所列相关行为的，应当由两名（含）以上工作人员进行事实调查，收集、保存相应的证据材料，并在调查事实和证据的基础上，对涉事考生的违规行为进行认定。

考试工作人员通过视频监控系统发现考生有违规行为的，应当及时制止并将视频录像作为证据保存，可以通过视频录像，对涉事考生违规行为进行认定。

第三十条 考点汇总认定考生违规情况，经考点主考签字后报送分部，分部依据本办法的规定进行复核和处理，发布处理结果，并报总部备案。

第三十一条 考生对违规处理结果不服的，可以在处理结果公布后15日内向分部提出书面复核申请。如考生不接受分部的复核意见，可向总部提出书面复核申请，总部复核意见为最终结果。

第六章 附则

第三十二条 总部开展的"非集中式网络考试"和"手机考试"等特殊形式考试，其违规认定和处理参照本办法相关条款执行，具体内容另行制定。

第三十三条 本办法自印发之日起施行，原《广播电视大学全国统一考试考场纪律》《广播电视大学全国统一考试考生违规处理办法》同时废止。

第三十四条 本办法由国家开放大学总部负责解释。

学信网学籍查询步骤

报名截止时间即为学籍注册时间,学籍注册后一周左右,新生可登录中国高等教育学生信息网即学信网查询本人在籍信息。在线验证报告验证码是一串由字母和数字混合组成的16位代码,该代码是自2019年3月15日开始升级为16位的。通过登录进入学信网,然后点击在线验证报告就可以申请得到,具体的申请方法如下:

1. 打开学信网的官方网站,点击"登录"按钮。

2. 在出现的界面中点击"登录学信档案"按钮进入。

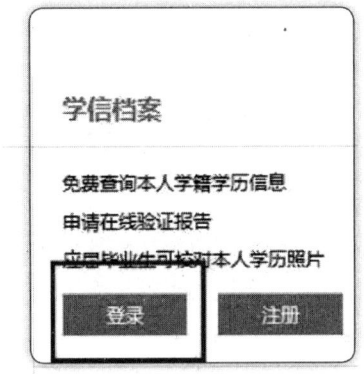

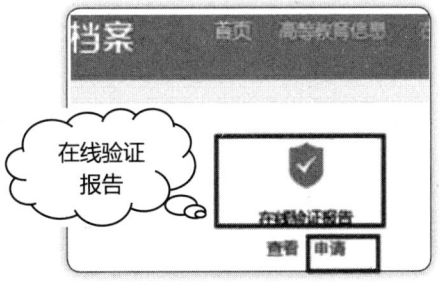

4. 登录进入以后点击在线验证报告下面的"申请"按钮进入。

3. 在跳转的登录界面中输入账号和密码,点击"登录"(如无账号可以实名申请注册)。

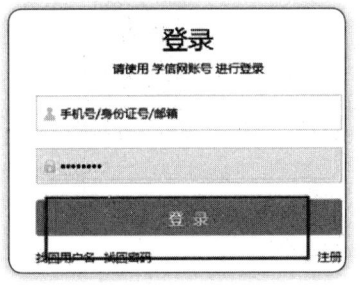

5. 在出现的页面中点击"查看"按钮。

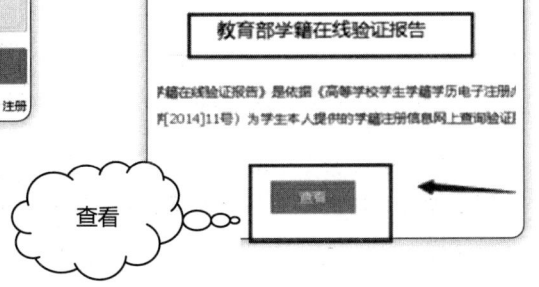

6. 此时页面跳转，可以看到本人未申请验证报告的中文版，点击"申请中文版"按钮。

7. 进入到申请教育部学籍在线验证报告页面点击"申请"按钮。

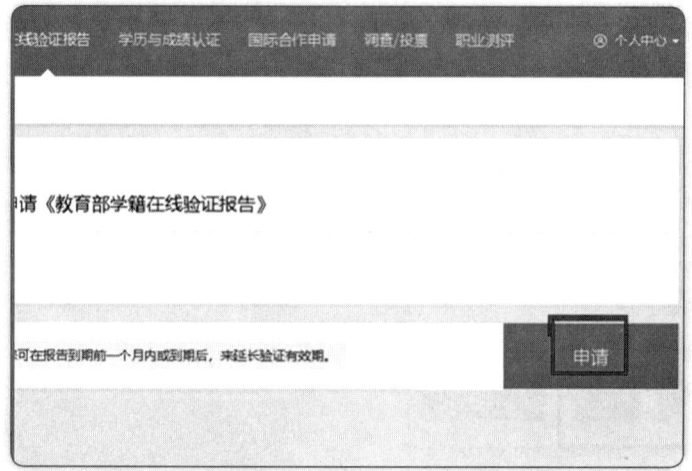

8. 此时页面跳转进入到教育部学籍在线验证报告界面，下拉页面就可以看到该验证报告的验证码了。

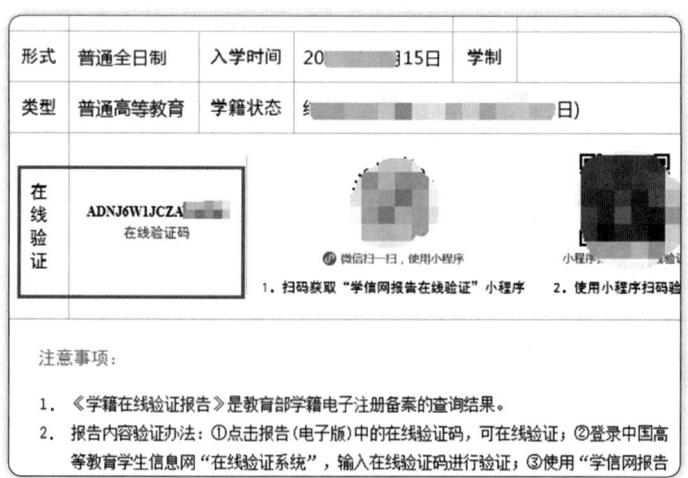

学籍注册后八年内取得的学分均有效。如果学籍注册后八年内未达到毕业要求，自动注销学籍。

学历认证照片要求

学历认证电子附件上传说明：

    1. 在申请材料中，毕业证书、身份证必须原件彩色扫描，使用复印件扫描、电脑屏幕截图、手机拍照的均不合格；

    2. 每张图片大小控制在 1MB 以内，仅限 jpg / png 格式；

    3. 请保持图片清晰可辨，分辨率在 200×200 以上；

    4. 身份证正反两面；

    5. 证书中的印章完整清晰。

    合格电子附件示例：

身份证√

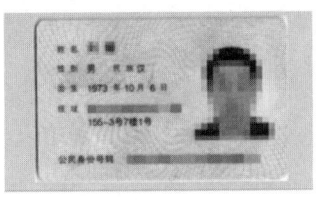

毕业证书√

心理小测试

你的大脑是理性多一点还是感性多一点儿？

　　好友花 380 元买了件漂亮的连衣裙，问你怎么样。你发现这裙子同事也买了条一模一样的，花了 260 元，你会怎么回答好友？

　　A.虽然知道她可能买贵了，但考虑到她的心情说："很好啊！穿起来很漂亮，很适合你！"
　　B.告诉她真相，下次才不会吃亏："你买贵了，我同事买了条和你一模一样的才花了 260 块！"

　　欲知详情，请在书内查找。

学信网学历认证流程

1. 在浏览器中找到学信网点击进入。

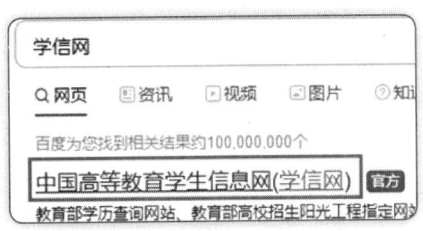

2. 选择进入学信档案。

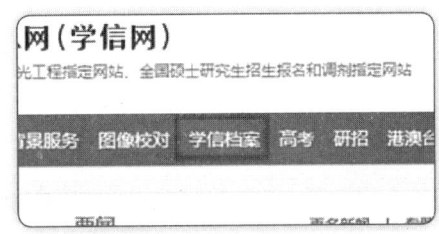

3. 在这里登录自己的学信网账号，没有账号用自己的个人信息注册一个即可。

4. 新用户注册链接：https://account.chsi.com.cn/account/preregister.action?from=archive。输入账号、密码登录即可。

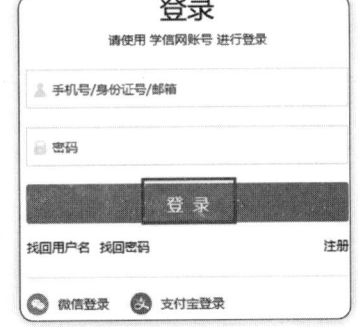

5. 选择"学历认证与成绩验证查看"进入。

6. 在这里点击"去申请"。

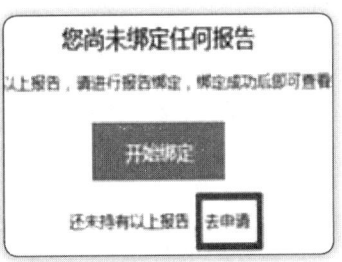

7. 我们就可以看到最新的学历认证规定。我们可以看到现在基本都用的是电子认证。

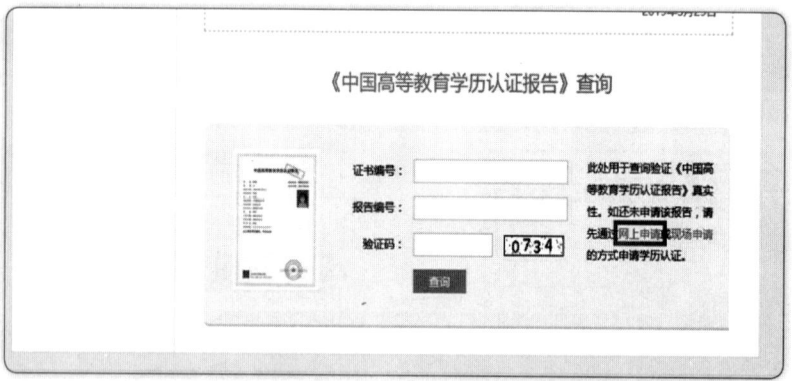

8. 在下方找到"网上申请",点击进入。

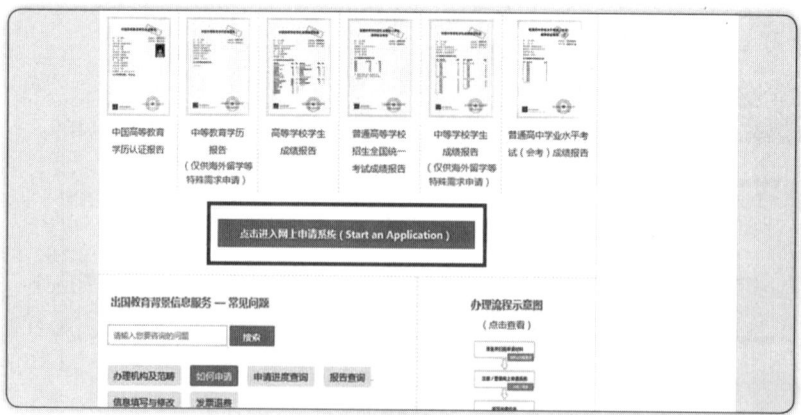

9. 继续跟随指示点击进入申请。

10. 接着，我们就来到了学历认证的界面，点击继续申请即可。

11. 依据以下指引即可完成学历认证。

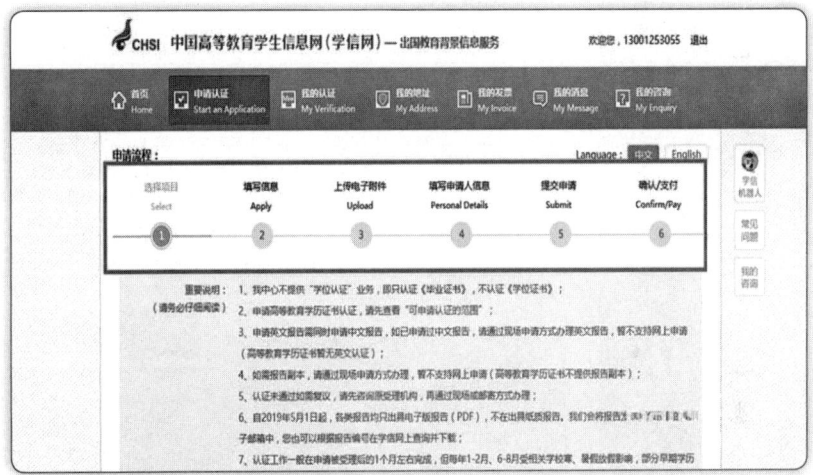

12. 确认提交前，需进行实人验证。

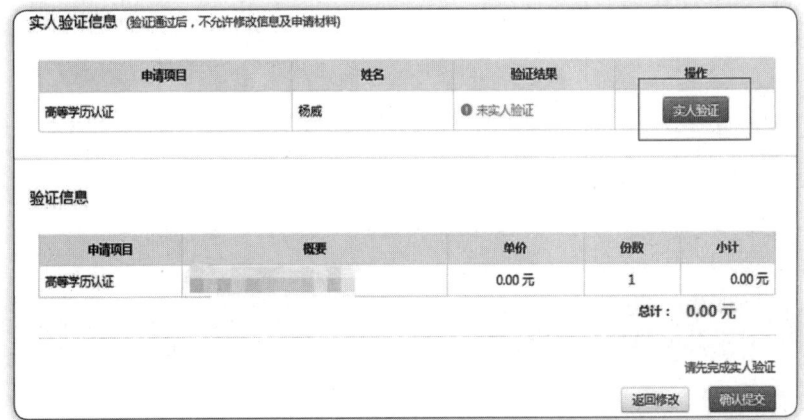

读书分享日

《文化苦旅》

阅读时间： 28h
作　　者： 余秋雨
作者简介： 1946年8月23日出生于浙江省余姚县桥头镇（今属浙江省慈溪市），现任澳门科技大学人文艺术学院院长。中国著名文化学者，理论家、文化史学家、散文家。
内容简介： 全书主要包括四部分，分别为如梦起点、中国之旅、世界之旅、人生之旅。全书凭借山水风物来寻求文化灵魂和人生真谛，探索中国文化的历史命运和中国文人的人格。

《永不抵达的列车》

阅读时间： 26h
作　　者： 杜涌涛、徐百柯
作者简介： 杜涌涛，《中国青年报》副总编，第十届长江韬奋奖获奖者。徐百柯，《中国青年报·冰点周刊》主编，著有《民国风度》。
内容简介： 在一片纷乱喧嚣中，冰点仿佛一位笃定的观察者，将目光一次次投向大变革中那些普通的小人物，注视他们被时代裹挟的命运，诉说他们微小的愿望与简单的快乐、深深的无奈与绵长的苦痛……透过冰点所讲述的故事，你能看到自己的同胞——那些老人、那些孩子、那些青年、那些作为社会中坚力量的沉默的大多数——在经历怎样的命运。从关注人的命运出发，冰点一直着力维护许多最基本的价值，比如悲悯、比如同情、比如宽恕、比如正义、比如自由。它让我们相信，这个社会上不是光有丛林法则；它让我们看到，在这个世界上、在我们的社会中，还有另一些没被压倒的、也不可能被吞噬的价值。

电影分享日

《建党伟业》

上映时间： 2016年　**电影片长：** 124分钟
导　　演： 韩三平
主　　演： 刘烨、冯远征、张嘉译、陈坤、马少骅
电影简介： 本片是为庆祝中国共产党建党九十周年而制作的献礼影片。《建党伟业》围绕1921年前后展开。该片从1911年辛亥革命爆发开始一直叙述至1921年中国共产党第一次全国代表大会召开为止共10年间中国所发生的一系列重大历史事件，大体上由民初动乱、五四运动及中共建党三部分剧情组成。

《夺冠》

上映时间： 2020年　**电影片长：** 135分钟
导　　演： 陈可辛
主　　演： 巩俐、黄渤、吴刚、彭昱畅、白浪
电影简介： 2008年8月15日，北京奥运会女排比赛，中国VS美国。戴着金丝框眼镜的郎平坐在美国队教练席上，大气沉稳、目光如电；中国队教练站在场边，全神贯注，面带笑容。中国队教练望向郎平，目光充满深意，不断经过的人影遮蔽了他的视线，中国女排三十余年的沉浮图景被缓缓打开……

通识课

OMO（Online-Merge-Offline）模式，线上课程与线下教育相融合，形成线上线下联动的全场景教学闭环。多种形式的学习活动、多元文化的碰撞帮助同学们建立深度学习型社交，全方位提升解决问题的实战能力，为学习者打造终身学习、终身成长的俱乐部。

心理小测试

你的大脑是理性多一点还是感性多一点儿？

结果分析：

选择 A：

你是个偏重感性思维的人。你注重现实，乐于行动而不愿做过多思考；生活对你来说很简单，你不愿将自己局限在条条框框里，而宁愿根据自己的感觉去做决定，有时甚至明知道利益会有所损失，也会执着地按照自己的喜好去做。

选择 B：

你是个偏重理性思维的人。你对观念、抽象事物、哲学问题感兴趣，以求知、钻研为目的，富于思考和内省；理性的你很少将感情和工作混在一起，这对你事业的发展是很有好处的，但有时也因为显得太实事求是而忽略了朋友、家人的感受，让他们难受的同时你也感到很苦恼。

达人训练课 通识课

吾日三省吾身
为人谋而不忠乎
与朋友交而不信乎
传不习乎

——《论语·学而》

通识课

如何解决"工学矛盾"

"少而好学,如日出之阳;壮而好学,如日中之光;老而好学,如炳烛之明。"这是西汉著名文学家刘向的经典论述。由此可见,古人早已有了终身学习的意识和理念。首先要解决思想问题,牢固树立工作和学习既相互对立又相互统一的观念;其次要解决方法问题,通过自身的兴趣培养,把学习压力变为学习动力,注重提高学习效率;再次要解决态度问题,时时端正学习态度,持之以恒,摒弃"学而无用"的错误想法;最后要解决协调问题,要做到劳逸结合,合理分配时间,在工作中学习,在学习中工作,努力做到工作、学习两不误。

日期_____年___月___日　　地点_____　　主讲教师_____

课程名称_____学会时间管理,变身高效达人_____

讲课内容	

117

剖析自身缺点	
学习感悟	

通识课

如何告别"社交恐惧"

社交恐惧是一种常见的焦虑症,焦虑感过强就会产生恐惧,有社交恐惧的人,在社交情境下会紧张,会有逃避的心理不想去面对。俗话说:"有所欲必有所惧。"许多社交恐惧都是由对自己的不满和对自己缺乏信心造成的。在克服社交恐惧时,要调整好自己的心态。既然我们改变不了环境,那就只能改变自己。只有勇敢地去发现问题,正视问题,解决问题,才是告别社交恐惧的上上之策。

日期_____年___月___日　　地点_____　　主讲教师_____

课程名称_____学会沟通艺术,变身魅力达人_____

讲课内容	

剖析自身缺点	
学习感悟	

通识课

如何学会"即兴演讲"

  1976年1月8日,中国人民敬爱的周总理与世长辞,联合国决定降半旗一周表示哀悼。当时,有的成员国代表表示反对,担任联合国秘书长的佩雷斯·德奎利亚尔说:"世界上有哪一个国家的总理一生都没有一个属于自己的孩子,终生只有一个夫人?有哪个国家的总理终身受人民爱戴,把人民当做自己的亲人,并且在国外的银行无一分钱私人存款?"现场一片沉寂后,响起了雷鸣般的掌声。这是一次极其简短经典的即兴演讲,时间总共不过一分钟。

日期_____年___月___日 地点_____ 主讲教师_____

课程名称_____学会好好说话,变身演讲达人_____

讲课内容	

121

剖析自身缺点	
学习感悟	

职场技巧训练日

让我们在工作中顺风顺水的基本能力

一、基本的心理承受能力

工作中难免会出现以下几种情况：1.工作中出错，被领导批评；2.同事往你身上推卸责任；3.工作中遇到困难，需要向同事求助。这时候心理承受能力在职场中就显得非常重要。具有强大的心理承受能力，做事才会成功，自信心才能得到加强，业务能力才能得到提升。

二、基本的领悟能力

领悟能力可以帮助我们在工作中更快地学习新鲜事物，可以使我们更准确地领会领导意图。缺乏领悟能力，很难准确明白领导的意思，即便再卖力工作，但工作方向是错的，也很难在职场立足。一个人的领悟能力，是经过长期的积累学会的，需要我们时常通过身边发生的小事情，细心观察、综合分析，提前预判事态的发展变化，从而达到锻炼领悟能力的目的。

三、基本的积累能力

工作经验积累和人脉积累都是非常重要的，经验除了靠时间、经历积攒，还需要主动学习、拓宽视野。人脉积累首先要学会在公司里与同事搞好关系，其次通过各种渠道努力拓展公司之外的人脉关系。

健康生活日

健康享受酸奶

　　酸奶是牛奶经过发酵制成的，口味酸甜细滑，营养丰富，深受人们喜爱。它是一种功能独特的营养品，能有效地调节机体内微生物的平衡。酸奶中的酪氨酸对于缓解心理压力过大、高度紧张和焦虑而引发的人体疲惫等有很大的帮助。酸奶还是天然食品中钙吸收率最高的一种，尤其适合骨质疏松患者。但当你饥肠辘辘时，最好别拿酸奶充饥。人在通常状况下，胃液的pH在1～3，空腹时，胃液呈酸性，pH在2以下，不适合酸奶中活性乳酸菌的生长，同时因为在空腹状态下饮用酸奶，很容易刺激胃肠道排空，所以酸奶中的营养来不及彻底消化吸收就被排出；饭后两小时左右，人的胃液被稀释，pH会上升到3～5，这时喝酸奶，对吸收其中的营养最有利。营养学会推荐牛奶每日300克左右，建议成年人，除非是孕妇、乳母或发育期青少年，每日喝酸奶最好不要超过400克。

故天将降**大任**于斯人也

必先苦其**心志**

劳其筋骨

饿其体肤

空乏其身

行拂乱其所为

所以**动心忍性**

曾益其所不能

——《生于忧患，死于安乐》

认知自我

通识课

哥伦布立鸡蛋

著名的意大利航海家哥伦布,在一次航行中发现了美洲大陆,很快他的名字就传遍了欧洲大陆。许多人认为哥伦布只不过是凑巧路过发现了而已,其他任何人只要有他的运气,都可以做到。

哥伦布在参加一次宴会时,客人中都是一些傲慢自负非常嫉妒他的人,他们阴阳怪气地在宴会上说,发现了一个奇怪的大陆,又有什么了不起的?任何人都能穿过海洋航行,并且任何人也都能像你一样有所发现,这是世界上最简单的事情了。

哥伦布并没有过多的辩解理会他们,只见他从盘子里拿起一个鸡蛋问道,谁能把这个鸡蛋立起来?客人们都好奇地拿鸡蛋试了试,结果谁也没有成功,大家都说那是不可能的事。这时哥伦布拿起鸡蛋,稍微将鸡蛋的蛋皮碰破一点,鸡蛋就立起来了。那些嫉妒他的客人们个个面面相觑,说不出话来。

如何练就好口才

美国人类行为学家汤姆士指出："好的口才是成功的捷径。会说话的人容易受人尊敬和拥护，它能使一个人的才学得到充分拓展，从而达到事半功倍、业绩卓著的效果。"良好的口才是当代青年必须具备的基本素养之一，好的口才不仅可以帮助你提高在众人心目中的地位和形象，使你在芸芸众生中脱颖而出，使你成为焦点，绽放耀眼光芒，也会使你在处理错综复杂的人际关系时游刃有余。拥有流畅的语言、清晰的思路、有序的条理，并且善于自我分析和总结的人，总是会得到命运的青睐。提升你的沟通能力水平，增强说话的说服力，将会大大提高自身工作效率，获得加薪晋职的机会。

日期_____年____月____日　　地点_____　　主讲教师_____

思维方式_____演说家思维_____　　　　线下活动_____分享日/读书日

讲课内容	

讲课内容	
学习感悟	

一言之辩，重于**九**鼎之宝；
三寸之舌，强于**百**万之师。
——《毛遂自荐》

干惊天动地事，做隐姓埋名人

吕志清，男，1940年出生在黑龙江巴彦县的一户贫苦农民家中，1964年毕业于哈尔滨工业大学材料专业，毕业后被分配到青海221厂工作。

221厂是中国第一个核武器研制、生产、试验基地。他参与了氢弹加工过程中材料成型工艺的研究工作，为了攻关科研难题，他与同事们日以继夜地钻研苦干，摸索工艺数据的主要参数，终于迎来了实验的成功，为生产氢弹提供了可靠的保障，他也获得了防科工委进步奖（1980年、1983年）和核工业部科学技术进步奖（1986年）。

1992年因国家政策调整，吕志清提前退休。退休之后的他选择了继续学习再就业，近60岁时从研究半辈子的金属材料转向建筑学领域，并考取了国家监理工程师资格证、造价监理工程师资格证和设备安装监理资格证，一直工作至76岁。他工作专业、认真负责，为年轻一代做出了最好的行动示范，多项工程被评为中国建设工程鲁班奖和国家优质工程奖。

人格魅力

铿锵一生，苦干惊天动地事；淡泊一世，甘做隐姓埋名人。他在西部戈壁，在大山深处，在无人知道的角落，吕志清用生命的光和热，为共和国创造出太阳和惊雷。荣退之后，吕志清积极求学，踏实做事，奉献社会，生命不息，光热永存。是终身学习率先垂范的楷模，"人生六十再开始"的精神必将激励和影响着一代又一代人！

通识课

如何塑造"个人魅力"

美国一位高级礼仪顾问威廉·索尔比说:"当你走进一个房间,即使房间里没人认识你,或者有人只是跟你有一面之缘,他们却可以从你的外表对你做出以下几个方面的推断:经济水平、受教育程度、可信任程度、社会地位、个人品行、成熟度、家庭教养情况、是否是成功人士。"

《你的形象价值百万》的作者,著名形象设计师英格丽·张认为,个人魅力并不是一个简单的穿衣、外表、长相、发型、化妆的组合概念,而是一个综合的全面素质,是一个外表与内在结合的,在流动中留下的印象。

日期_____年___月___日   地点_____   主讲教师_____

思维方式_____形象师思维_____   线下活动_____ 相亲日

讲课内容	

讲课内容	
学习感悟	

> 如果自己的**青春**放不出光彩，
> 任何东西都会失去**魅力**。
> ——霍·华尔浦尔

与人合作

通识课

天时不如地利,地利不如人和。
——孟子

能用众力,则无敌于天下矣;
能用众智,则无畏于圣人矣。
——孙权

汉文帝赦免周勃

原文：其后人有上书告勃欲反，下廷尉；廷尉逮捕勃，治之。勃恐，不知置辞；吏稍侵辱之。勃以千金与狱吏，吏乃书牍背示之曰："以公主为证。"公主者，帝女也，勃太子胜之尚之。薄太后亦以为勃无反事。帝朝太后，太后以冒絮提帝曰："绛侯始诛诸吕，绾皇帝玺，将兵于北军，不以此时反，今居一小县，顾欲反邪！"帝既见绛侯狱辞，乃谢曰："吏方验而出之。"于是使使持节赦绛侯，复爵邑。绛侯既出，曰："吾尝将百万军，然安知狱吏之贵乎！"

（引自《史记·绛侯周勃世家第二十七》）

译文：公元前175年，有人向汉文帝举报曾经的开国元勋、左丞相、绛侯周勃图谋造反，汉文帝就交给廷尉处置。于是廷尉将周勃逮捕下狱，审讯案情。周勃极为恐惧，不知怎样对答才好；狱吏逐渐对周勃有所凌辱。周勃就用千金行贿狱吏，狱吏就在公文木牍背面写了"以公主为证"，暗示周勃在供词中提到公主（公主是指文帝的女儿，周勃的长子周胜之娶她为妻）。

薄太后也认为周勃不会谋反。有一次，薄太后恼怒地将护头的帽絮扔到汉文帝身上，为周勃开脱说："绛侯周勃当初在诛灭诸吕的时候，手持皇帝玉玺，身统北军将士，他不利用这一时机谋反，今天住在一个小县，反而要谋反吗！"

汉文帝此时已见到了周勃在狱中所写的辩白之辞，于是向太后谢罪说："狱吏刚刚证实他无罪，就要释放他了。"汉文帝派使者持皇帝信节赦免绛侯周勃，恢复他原有的爵位和封地。

周勃获释之后说："我曾经统帅过百万雄兵，却不知一个狱吏有如此大的权势和尊贵呢！"

如何进行"有效沟通"

故曰辞言有五：曰病、曰恐、曰忧、曰怒、曰喜。病者，感衰气而不神也；恐者，肠绝而无主也；忧者，闭塞而不泄也；怒者，妄动而不治也；喜者，宣散而无要也。此五者，精则用之，利则行之。故与智者言依于博，与博者言依于辨，与辨者言依于要，与贵者言依于势，与富者言依于高，与贫者言依于利，与贱者言依于谦，与勇者言依于敢，与愚者言依于锐。此其术也，而人常反之。

是故与智者言，将以此明之；与不智者言，将以此教之，而甚难为也。故言多类，事多变。故终日言，不失其类而事不乱。终日不变而不失其主，故智贵不忘。听贵聪，智贵明，辞贵奇。

——《鬼谷子·权篇》

日期＿＿＿年＿＿＿月＿＿＿日　　地点＿＿＿＿＿＿＿＿＿＿　　主讲教师＿＿＿＿＿＿＿

思维方式＿＿心理咨询师思维＿＿　　　　　线下活动＿＿打磨日 / 相亲日＿＿

讲课内容	

学习感悟	

谈话的艺术是**听**和*被听*的艺术。

——赫兹里特

毛遂自荐的典故

秦之围邯郸，赵使平原君求救，合从于楚，约与食客门下有勇力文武备具者二十人偕。平原君曰："使文能取胜，则善矣。文不能取胜，则歃血于华屋之下，必得定从而还。士不外索，取于食客门下足矣。"得十九人，余无可取者，无以满二十人。门下有毛遂者，前，自赞于平原君曰："遂闻君将合从于楚，约与食客门下二十人偕，不外索。今少一人，愿君即以遂备员而行矣。"平原君曰："先生处胜之门下几年于此矣？"毛遂曰："三年于此矣。"平原君曰："夫贤士之处世也，譬若锥之处囊中，其末立见。今先生处胜之门下三年于此矣，左右未有所称诵，胜未有所闻，是先生无所有也。先生不能，先生留。"毛遂曰："臣乃今日请处囊中耳。使遂蚤得处囊中，乃颖脱而出，非特其末见而已。"平原君竟与毛遂偕。十九人相与目笑之而未废也。毛遂比至楚，与十九人论议，十九人皆服。平原君与楚合从，言其利害，日出而言之，日中不决。十九人谓毛遂曰："先生上。"毛遂按剑历阶而上，谓平原君曰："从之利害，两言而决耳。今日出而言从，日中不决，何也？"楚王谓平原君曰："客何为者也？"平原君曰："是胜之舍人也。"楚王叱曰："胡不下！吾乃与而君言，汝何为者也！"毛遂按剑而前曰："王之所以叱遂者，以楚国之众也。今十步之内，王不得恃楚国之众也，王之命悬于遂手。吾君在前，叱者何也？且遂闻汤以七十里之地王天下，文王以百里之壤而臣诸侯，岂其士卒众多哉，诚能据其势而奋其威。今楚地方五千里，持戟百万，此霸王之资也。以楚之强，天下弗能当。白起，小竖子耳，率数万之众，兴师以与楚战，一战而举鄢郢，再战而烧夷陵，三战而辱王之先人。此百世之怨而赵之所羞，而王弗知恶焉。合从者为楚，非为赵也。吾君在前，叱者何也？"楚王曰："唯唯，诚若先生之言，谨奉社稷而以从。"毛遂曰："从定乎？"楚王曰："定矣。"毛遂谓楚王之左右曰："取鸡狗马之血来。"毛遂奉铜盘而跪进之楚王曰："王当歃血而定从，次者吾君，次者遂。"遂定从于殿上。毛遂左手持盘血而右手招十九人曰："公相与歃此血于堂下。公等录录，所谓因人成事者也。"

平原君已定从而归，归至于赵，曰："胜不敢复相士。胜相士多者千人，寡者百数，自以为不失天下之士，今乃于毛先生而失之也。毛先生一至楚，而使赵重于九鼎大吕。毛先生以三寸之舌，强于百万之师。胜不敢复相士。"遂以为上客。

（文章引自司马迁《史记·平原君虞卿列传》）

如何抓住"新机遇"

"来而不可失者,时也。蹈而不可失者,机也。"(宋·苏轼《代侯公说项羽辞》)这句话的意思就是:在眼前不可白白流失掉的是时间,遇上了就不可错失的是机会。一寸光阴一寸金,没人能够阻挡住时间的流逝,要学会珍惜时间,充分利用时间。而机遇更是千载难逢、转瞬即逝的,形势随时移易,它仅是那么一瞬间的停留,一旦错过,也将永久地失去了。要想取得优势、赢得未来,我们就要善于发现并勇于抓住新机遇。时间和机会既然来到了我们身边,就不能让它白白地流失掉,一定要牢牢抓住。

日期_____年___月___日　　地点_____　　主讲教师_____

思维方式_____投资家思维_____　　　线下活动_____　案例日

讲课内容	

通识课

讲课内容	
学习感悟	

人生成功的秘诀是当好机会来临时,立刻抓住它。

——狄斯累利

通识课

理解世界

咱们**平等**相爱
正因为咱们互相**了解**
互相尊重

——托尔斯泰

应急处置与救援

第四十八条　突发事件发生后，履行统一领导职责或者组织处置突发事件的人民政府应当针对其性质、特点和危害程度，立即组织有关部门，调动应急救援队伍和社会力量，依照本章的规定和有关法律、法规、规章的规定采取应急处置措施。

第四十九条　自然灾害、事故灾难或者公共卫生事件发生后，履行统一领导职责的人民政府可以采取下列一项或者多项应急处置措施：（一）组织营救和救治受害人员，疏散、撤离并妥善安置受到威胁的人员以及采取其他救助措施；（二）迅速控制危险源，标明危险区域，封锁危险场所，划定警戒区，实行交通管制以及其他控制措施；（三）立即抢修被损坏的交通、通信、供水、排水、供电、供气、供热等公共设施，向受到危害的人员提供避难场所和生活必需品，实施医疗救护和卫生防疫以及其他保障措施；（四）禁止或者限制使用有关设备、设施，关闭或者限制使用有关场所，中止人员密集的活动或者可能导致危害扩大的生产经营活动以及采取其他保护措施；（五）启用本级人民政府设置的财政预备费和储备的应急救援物资，必要时调用其他急需物资、设备、设施、工具；（六）组织公民参加应急救援和处置工作，要求具有特定专长的人员提供服务；（七）保障食品、饮用水、燃料等基本生活必需品的供应；（八）依法从严惩处囤积居奇、哄抬物价、制假售假等扰乱市场秩序的行为，稳定市场价格，维护市场秩序；（九）依法从严惩处哄抢财物、干扰破坏应急处置工作等扰乱社会秩序的行为，维护社会治安；（十）采取防止发生次生、衍生事件的必要措施。

第五十条　社会安全事件发生后，组织处置工作的人民政府应当立即组织有关部门并由公安机关针对事件的性质和特点，依照有关法律、行政法规和国家其他有关规定，采取下列一项或者多项应急处置措施：（一）强制隔离使用器械相互对抗或者以暴力行为参与冲突的当事人，妥善解决现场纠纷和争端，控制事态发展；（二）对特定区域内的建筑物、交通工具、设备、设施以及燃料、燃气、电力、水的供应进行控制；（三）封锁有关场所、道路，查验现场人员的身份证件，限制有关公共场所内的活动；（四）加强对易受冲击的核心机关和单位的警卫，在国家机关、军事机关、国家通讯社、广播电台、电视台、外国驻华使领馆等单位附近设置临时警戒线；（五）法律、行政法规和国务院规定的其他必要措施。

当严重危害社会治安秩序的事件发生时，公安机关应当立即依法出动警力，根据现场情况依法采取相应的强制性措施，尽快使社会秩序恢复正常。

第五十一条　发生突发事件，严重影响国民经济正常运行时，国务院或者国务院授权的有关主管部门可以采取保障、控制等必要的应急措施，保障人民群众的基本生活需要，最大限度地减轻突发事件的影响。

第五十二条　履行统一领导职责或者组织处置突发事件的人民政府，必要时可以向单位和个人征用应急救援所需设备、设施、场地、交通工具和其他物资，请求其他地方人民政府提供人力、物力、财力或者技术支援，要求生产、供应生活必需品和应急救援物资的企业组织生产、保证供给，要求提供医疗、交通等公共服务的组织提供相应的服务。

履行统一领导职责或者组织处置突发事件的人民政府，应当组织协调运输经营单位，优先运送处置突发事件所需物资、设备、工具、应急救援人员和受到突发事件危害的人员。

第五十三条　履行统一领导职责或者组织处置突发事件的人民政府，应当按照有关规定统一、准确、及时发布有关突发事件事态发展和应急处置工作的信息。

第五十四条　任何单位和个人不得编造、传播有关突发事件事态发展或者应急处置工作的虚假信息。

第五十五条　突发事件发生地的居民委员会、村民委员会和其他组织应当按照当地人民政府的决定、命令，进行宣传动员，组织群众开展自救和互救，协助维护社会秩序。

第五十六条　受到自然灾害危害或者发生事故灾难、公共卫生事件的单位，应当立即组织本单位应急救援队伍和工作人员营救受害人员，疏散、撤离、安置受到威胁的人员，控制危险源，标明危险区域，封锁危险场所，并采取其他防止危害扩大的必要措施，同时向所在地县级人民政府报告；对因本单位的问题引发的或者主体是本单位人员的社会安全事件，有关单位应当按照规定上报情况，并迅速派出负责人赶赴现场开展劝解、疏导工作。

突发事件发生地的其他单位应当服从人民政府发布的决定、命令，配合人民政府采取的应急处置措施，做好本单位的应急救援工作，并积极组织人员参加所在地的应急救援和处置工作。

第五十七条　突发事件发生地的公民应当服从人民政府、居民委员会、村民委员会或者所属单位的指挥和安排，配合人民政府采取的应急处置措施，积极参加应急救援工作，协助维护社会秩序。

——《中华人民共和国突发事件应对法》第四章

如何处理突发事件

"突发公共事件"是指突然发生，造成或者可能造成重大人员伤亡、财产损失、生态环境破坏和严重社会危害，危及公共安全的紧急事件。突发公共事件的信息发布应当及时、准确、客观、全面。事件发生的第一时间要向社会发布简要信息，随后发布初步核实情况、政府应对措施和公众防范措施等，并根据事件处置情况做好后续发布工作。要建立健全应急物资监测网络、预警体系和应急物资生产、储备、调拨及紧急配送体系，完善应急工作程序，确保应急所需物资和生活用品的及时供应，并加强对物资储备的监督管理，及时予以补充和更新。建立健全应急通信、应急广播电视保障工作体系，完善公用通信网，建立有线和无线相结合、基础电信网络与机动通信系统相配套的应急通信系统，确保通信畅通。

——《国家突发公共事件总体应急预案》

日期____年____月____日　　地点_____　　主讲教师_____

思维方式_____飞行员思维_____　　线下活动_____　　分享日_____

讲课内容	

通识课

讲课内容	
学习感悟	

明者因*时*而*变*，知者随*事*而*制*。

——《盐铁论·忧边》

防微杜渐的典故

我们在生活、工作中常常碰到这种情况：由于对细节问题缺乏及时的关注和有效的解决方法，导致小问题演变成更大、更难以预料的问题。为了更好的避免这种情况的发生，我们要学会从细节中发现危险。

"凡土木之劳，声色之好，燕安鸩毒之戒，皆宜痛撤勇改。有不尽者，亦宜防微杜渐，而禁于未然。"

（节选自《元史·张桢传》）

译文：不好的事情从开始萌芽的时候就提防，杜绝事态扩大化、严重化，在它还没有造成更大、更坏的影响时就予以消除。

"若敕政责躬，杜渐防萌，则凶妖消灭，害除福凑矣。"

（节选自《后汉书·丁鸿传》）

译文：如果做任何事都能够尽职尽责，防微杜渐，一切不好的东西都消灭在萌芽状态，那么就能把失误减到最低，福运到来。

如何透过细节发现危险

为无为，事无事，味无味。大小多少，抱怨以德。图难于其易，为大于其细。天下难事，必作于易；天下大事，必作于细。

（节选自老子《道德经》）

海不择细流，故能成其大；山不拒细壤，方能就其高。

（节选自秦朝李斯《谏逐客书》）

日期_____年___月___日　　地点_____　　主讲教师_____

思维方式_____交易所思维_____　　线下活动_____　　案例日

讲课内容	

讲课内容	
学习感悟	

千丈之堤,以蝼蚁之穴**溃**;
百尺之室,以突隙之烟**焚**。

——《韩非子·喻老》

健康生活日

《十叟长寿歌》
—— 清·叶桂

昔有行路人，海滨逢十叟。
年皆百余岁，精神加倍有。
诚心前拜求，何以得高寿？
一叟捻须曰：我不酒旨酒。
二叟笑莞尔，饭后百步走。
三叟整衣袖，服劳自动手。
四叟柱木杖，安步当车久。
五叟摩巨鼻，清气通窗牖。
六叟抚赤颊，沐日令颜黝。
七叟稳回旋，太极朝朝走。
八叟理短鬓，早起亦早休。
九叟颔首颊，未作私利求。
十叟轩双眉，坦坦无忧愁。
善哉十叟词，妙诀一一剖。
若能遵以行，定卜登上寿。

打造产品

通识课

你**是**想成为职场上的**实力干将**，
还是愿意让人嘲笑为"**菜鸟**"？

为学一首示子侄

天下事有难易乎？为之，则难者亦易矣；不为，则易者亦难矣。人之为学有难易乎？学之，则难者亦易矣；不学，则易者亦难矣。

吾资之昏，不逮人也，吾材之庸，不逮人也；旦旦而学之，久而不怠焉，迄乎成，而亦不知其昏与庸也。吾资之聪，倍人也，吾材之敏，倍人也；屏弃而不用，其与昏与庸无以异也。圣人之道，卒于鲁也传之。然则昏庸聪敏之用，岂有常哉？

蜀之鄙有二僧：其一贫，其一富。贫者语于富者曰："吾欲之南海，何如？"富者曰："子何恃而往？"曰："吾一瓶一钵足矣。"富者曰："吾数年来欲买舟而下，犹未能也。子何恃而往！"越明年，贫者自南海还，以告富者，富者有惭色。

西蜀之去南海，不知几千里也，僧富者不能至而贫者至焉。人之立志，顾不如蜀鄙之僧哉？是故聪与敏，可恃而不可恃也；自恃其聪与敏而不学者，自败者也。昏与庸，可限而不可限也；不自限其昏与庸，而力学不倦者，自力者也。

（出自清·彭端淑《为学一首示子侄》）

译文： 天下的事情有难有容易的区别么？只要去做了，那么困难的事情也就会变得很容易了；如果不去做，容易的事情也变得困难了。人学习的事情有困难和容易的区别么？只要学习了，难的问题就变得容易了；不去学，容易的问题也会变得很困难。我的资质愚钝，比不上别人，我的学识平庸，比不上别人；我每天坚持不懈的学习，从不敢懈怠，等到学业有成的时候，也就不知道自己愚钝和平庸了。我天资聪慧，超过他人；我能力出众，超过他人；但却摒弃不用，就与愚钝和平庸没什么区别了。孔子的学问，最终也是靠平庸的曾参传下来的。如此看来聪慧和愚钝，是一成不变的么？

四川的边疆有两个僧人，其中一个贫穷，其中一个富裕。贫穷的僧人对富裕的僧人说："我想要到南海去，怎么样？"富裕僧人的说："您凭借着什么去呢？"穷和尚说："我只需要一个盛水的瓶一个盛饭的碗就足够了。"富裕的僧人说："我几年来想要买船去，都没有能成功。你凭借着什么就能去！"到了第二年，穷的僧人从南海回来了，并将这件事告诉了富裕的僧人。富裕僧人的脸上露出了惭愧的神情。

四川距离南海，不知道有几千里路，富裕的僧人没到而贫穷的僧人却到了。人立志去做的事情，难道还不如四川边疆一个贫穷的僧人么？因此，聪明与敏捷，可以依靠但也不可以依靠；自以为聪慧有能力却不学的人，就是失败的人。愚钝和平庸，可以限制而又不可以限制，不被自己的愚钝平庸所局限而孜孜不倦学习的人，是靠自己努力成功的。

如何把"创业想法"变成"伟大事业"

从嫦娥奔月到神舟飞天,从鲁班飞鸟到日行千里,从"东方红"乐曲响彻寰宇到神舟飞船遨游太空,哪一个不是从美好梦想照进理想现实,因此我们要把"创业想法"变成"伟大事业",首先要有激情,要善于想象,要敢于把自己的想法付诸实践,不断地丰富、发展你的想法并使其更加完善。

尽管激情是事业良好的开端,但是不足以长期支撑事业的可持续发展,所以我们要正视现实,着眼于未来,确保拥有事业成功的必要因素,它能保证你在实现人生梦想和目标的时候,信心满满、精力充沛。诚然人生的旅途会充满各种无法预料的结果,创业的道路上也不会一帆风顺,但是,你对"创业想法"变成"伟大事业"的热切追求必将开启通向无限可能的大门。

日期_____年___月___日　　地点_____　　主讲教师_____

思维方式___创业者思维_____　　　线下活动___案例日/分享日/创业日___

讲课内容	

通识课

讲课内容	
学习感悟	

抓创新就是抓发展,
谋创新就是谋**未来**。
——习近平

学习充实人生，创业成就梦想

——林国海创业事迹

林国海，男，1955年12月出生，教授级高级工程师，黑龙江省鸿盛建筑科学研究院总设计师，黑龙江省低能耗房屋建造工程技术研究中心主任，中国装配式低能耗建筑建造技术领域的知名专家，中国装配式聚苯模块低能耗建筑建造技术的奠基人，国家"十一五"节能先进个人、"特种建筑材料"省级领军人才学术带头人，中国装配式聚苯模块低能耗抗灾建筑建造技术奠基人。

以林国海教授为学科带头人的研发中心注重针对建设领域亟待解决的难题开展技术攻关，在"十一五"期间完成省（市）科研课题四项，"十二五"期间承担国家科技支撑计划（课题）四项并全部通过验收。2012年荣获国家"十一五"节能先进个人（国家四部委颁发证书）；2013年《鸿盛低能耗房屋建造技术研发与应用》获黑龙江省省长特别奖；2014年2月，《节能防灾型农村建筑研究与应用》获黑龙江省建设系统科技进步一等奖，2015年11月，《保温与结构一体化低能耗抗灾房屋研究与应用》获黑龙江省政府科技发明一等奖，2015年11月，《T型空腔模块》获中国发明专利优秀奖；获教育部科技成果奖2项，各省市科技进步奖二等奖若干。

林国海始终坚持学习创新，将自主研发的200余项专利通过产学研用相结合的技术手段全部产业化和标准化，主编了国家行业标准、中国工程建设标准化协会标准和省、市、自治区地方标准四十余部。通过专利技术实施许可的方式在全国20余个省市建立60余座产业化基地，将学习成果转化为生产成果。曾获省长特别奖1项、省部级科技发明一等奖1项、科技进步一等奖2项、全军科技进步二等奖1项、省部级科技进步二等奖10余项。

如何准确地呈现你的理念

《辞海》对"理念"一词的解释有两条,一是"看法、思想、思维活动的结果",二是"理论,观念(希腊文 idea)。通常指思想。有时亦指表象或客观事物在人脑里留下的概括的形象。"(《辞海》第1367页)

理念从字面上来看,顾名思义就是理性的观念,那么如何完美地表达自己的理念呢?在条件允许的情况下,最直观、最有效的表达方式就是要参与者身临其境、亲身体验,如你在设计制作一个蛋糕的时候,加入了很多符合宴会主题相关的元素,蛋糕制作得香甜可口、健康美味,此时无论你怎样口若悬河、口吐莲花地详尽介绍,都不如让参与者亲自观摩品尝来得直接。当然现实案例中有很多时候,我们常常受时间、空间、环境、条件的限制,很难达到让参与者亲身体验的要求。这时就需要我们制作一个完美的文案,准确地呈现出我们的理念。

日期_____年____月____日   地点_____   主讲教师_____

思维方式_____建筑师思维_____   线下活动_____分享日 / 创业日_____

讲课内容	

讲课内容	
学习感悟	

要坚持 *真理*，

不论在哪里也 *不* 要 *动摇*。

——赫尔岑

通识课

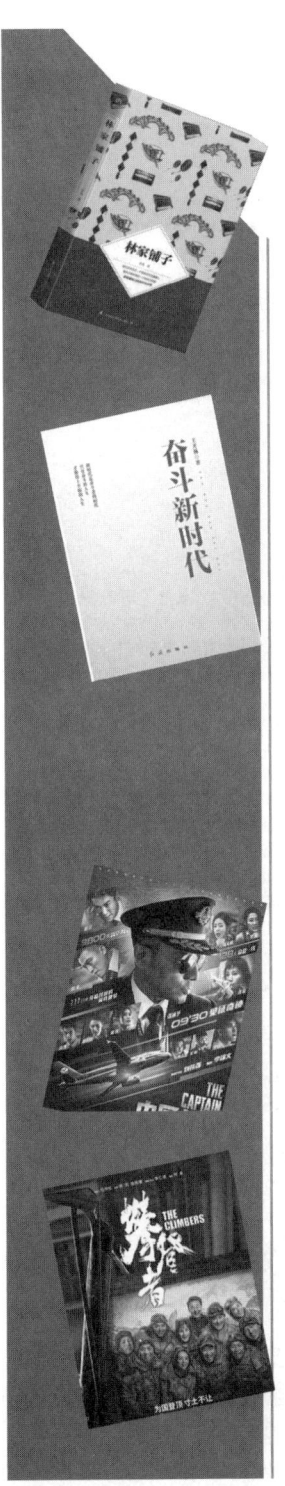

读书分享日

《林家铺子》

阅读时间： 26h
作　　者： 茅盾
作者简介： 原名沈德鸿，笔名茅盾、郎损、玄珠、方璧、止敬、蒲牢、微明、沈仲方、沈明甫等，字雁冰，浙江省嘉兴市桐乡市人。中国现代作家、文学评论家、文化活动家以及社会活动家。
内容简介： 本书精心选编茅盾先生适合青少年读者阅读的经典作品，这些优秀的短篇小说既代表了茅盾先生的文学成就，又长期以来深受孩子们的喜爱，对培养青少年读者养成阅读经典的习惯，提升他们的文学修养，大有裨益。

《奋斗新时代》

阅读时间： 12h
作　　者： 王开林
作者简介： 王开林，出生于长沙，毕业于北京大学中文系。迄今已出版散文随笔集《站在山谷与你对话》《沧海明珠一捧泪》《大变局与狂书生》《新文化与真文人》《敢为天下先》《非常爱，非常痛》《非常人，非常事》等十九部，发表长篇小说《文人秀》一部。作品被收入海内外近三百种散文、随笔选本和年鉴。获得首届毛泽东文学奖，1992年萌芽文学奖，第四届、第七届十月文学奖等海内外多个文学奖项。现任湖南省作协副主席，《文学界》执行主编。
内容简介：《奋斗新时代》集结了作者近年来发表在各大期刊上的优秀文章，分别谈人生，谈世事，谈见闻，谈梦想，谈读书，谈勇气，虽然每篇文章看上去各自独立，但内涵或说特质其实是一致的，那就是表达了人生须乐观进取的观念。作品持一种洞明达观的态度，一直或明或暗地告诉读者，只有奋斗的人生才是幸福的人生，才是有价值、有意义的人生。所谓"道虽迩，不行不至;事虽小，不为不成"，这部作品以"奋斗"为主题，奏响了自强不息、奋斗不止的强音。

电影分享日

《中国机长》

上映时间： 2019年　**电影片长：** 111分钟
导　　演： 刘伟强
主　　演： 张涵予、欧豪、杜江、袁泉、张天爱
电影简介： 根据2018年5月14日四川航空3U8633航班机组成功处置特情真实事件改编。机组执行航班任务时，在万米高空突遇驾驶舱风挡玻璃爆裂脱落、座舱释压的极端罕见险情，生死关头，他们临危不乱、果断应对、正确处置，确保了机上全部人员的生命安全，创造了世界民航史上的奇迹。

《攀登者》

上映时间： 2019年　**电影片长：** 125分钟
导　　演： 李仁港
主　　演： 吴京、章子怡、井柏然、张译、胡歌
电影简介： 1960年，中国登山队向珠峰发起冲刺，完成了世界首次北坡登顶这一不可能的任务。15年后，方五洲和曲松林在气象学家徐缨的帮助下，带领李国梁、杨光等年轻队员再次挑战世界之巅。迎接他们的将是更为严酷的现实，也是生与死的挑战……

159

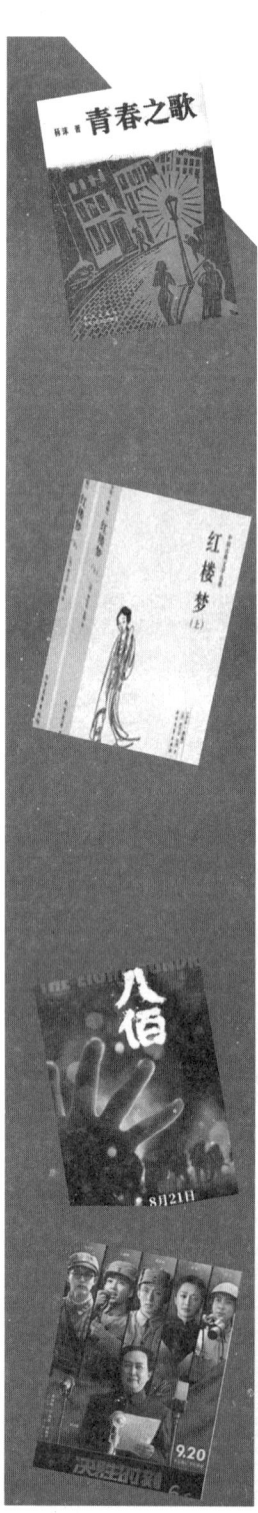

读书分享日

《青春之歌》

阅读时间： 12h
作　　者： 杨沫
作者简介： 杨沫（1914—1995），原名杨成业，湖南湘阴县人，出生于北京。1928年杨沫考入北平温泉女中学习，阅读了大量中外文学作品。新中国成立后，任北京市作协副主席、中国作家协会理事等职务。1958年，杨沫代表作《青春之歌》由作家出版社出版。
内容简介：《青春之歌》是杨沫以亲身经历为素材创作的半自传体小说，小说以20世纪30年代日本侵华过程中发生的"九·一八事变"到"一二·九运动"的爱国学生运动为背景，通过女主人公林道静的成长故事，构筑了革命历史的经典叙事，也揭示出知识分子成长道路的历史必然性。

《红楼梦》

阅读时间： 8h
作　　者： [清] 曹雪芹 著／高鹗 续
作者简介： 曹雪芹(约1715—约1763)，清小说家。名霑，字梦阮，号雪芹、芹圃、芹溪。为满洲正白旗"包衣"人。自曾祖起，三代任江宁织造，其祖曹寅尤为康熙帝所信用。雍正初年，在统治阶级内部政治斗争牵连下，雪芹家受到重大打击，其父免职，产业被抄，遂随家迁居北京。他早年经历了一段封建大官僚地主家庭的繁华生活，后因家道衰落，趋于艰困。晚期居北京西郊，贫病而卒，年未及五十。曹雪芹性情高傲，嗜酒健谈，具有深厚的文化修养和卓越的艺术才能。他生活在我国已有资本主义生产萌芽的封建末世，在其后期又有机会接触到下层人民，因而对当时社会阶级斗争和思想斗争有较具体的感受，看到了统治阶级的腐朽凶残和内部的分崩离析。
内容简介：《红楼梦》是一部百科全书式的长篇小说。以宝黛爱情悲剧为主线，以四大家族的荣辱兴衰为背景，描绘出18世纪中国封建社会的方方面面，以及封建专制下新兴资本主义民主思想的萌动。结构宏大、情节委婉、细节精致，人物形象栩栩如生，声口毕现，堪称中国古代小说的经典。

电影分享日

《八佰》

上映时间： 2020年　电影片长：147分钟
导　　演： 管虎
主　　演： 张译、姜武、王千源、黄志忠、侯勇
电影简介： 1937年淞沪会战末期，国民革命军第88师524团留守上海四行仓库，与租界一河之隔，孤军奋战4昼夜，造就了罕见的被围观的战争；为壮声势，四百人对外号称八百人。

《决胜时刻》

上映时间： 2019年　电影片长：140分钟
导　　演： 黄建新
主　　演： 唐国强、刘劲、黄景瑜、王丽坤、秦岚
电影简介： 1949年，党中央领导人进驻北京香山，在国共和谈破裂的千钧一发之际，全力筹划建立新中国。

学习笔记

子曰:"温故而知新,可以为师矣。"

——《论语》

故者，旧所闻。新者，今所得。言学能时习旧闻，而每有新得，则所学在我，而其应不穷，故可以为人师。若夫记问之学，则无得于心，而所知有限，故学记讥其"不足以为人师"，正与此意互相发也。

——朱熹

我的听课笔记

日　　期_____年____月____日　　　　地　　点_____

课程名称_____　　　　主讲教师_____

上课形式　　　□面授课　　　□直播课　　　□网教课

讲课内容	

重点难点	
学习感悟	

我的听课笔记

日　　期_____年____月____日　　　地　　点_____

课程名称_____　　　主讲教师_____

上课形式　　　□面授课　　　□直播课　　　□网教课

重点难点	
学习感悟	

我的听课笔记

日　　期_____年____月____日　　　地　　点_____

课程名称_____　　　主讲教师_____

上课形式　　　□面授课　　　□直播课　　　□网教课

讲课内容	

学习笔记

重点难点	
学习感悟	

我的听课笔记

日　　期_____年___月___日　　　　地　　点_____

课程名称_____　　　　主讲教师_____

上课形式　　　□面授课　　　□直播课　　　□网教课

讲课内容	

学习笔记

重点难点	
学习感悟	

我的听课笔记

日　　期＿＿＿＿年＿＿＿月＿＿＿日　　　地　　点＿＿＿＿＿＿＿＿＿＿＿＿

课程名称＿＿＿＿＿＿＿＿＿＿＿＿＿　　　主讲教师＿＿＿＿＿＿＿＿＿＿＿＿

上课形式　　　□面授课　　　□直播课　　　□网教课

讲课内容	

学习笔记

重点难点	
学习感悟	

我的听课笔记

日　　期＿＿＿＿年＿＿月＿＿日　　　　地　　点＿＿＿＿＿＿＿＿＿＿

课程名称＿＿＿＿＿＿＿＿＿＿　　　　主讲教师＿＿＿＿＿＿＿＿＿＿

上课形式　　□面授课　　　□直播课　　　□网教课

讲课内容	

重点难点	
学习感悟	

我的听课笔记

日　　期_____年____月____日　　　　地　　点_____

课程名称_____　　　　主讲教师_____

上课形式　　　□面授课　　　□直播课　　　□网教课

讲课内容	

学习笔记

重点难点	
学习感悟	

我的听课笔记

日　　期＿＿＿＿年＿＿月＿＿日　　　　地　　点＿＿＿＿＿＿＿＿＿＿

课程名称＿＿＿＿＿＿＿＿＿＿　　　　主讲教师＿＿＿＿＿＿＿＿＿＿

上课形式　　　□面授课　　　□直播课　　　□网教课

讲课内容	

学习笔记

重点难点	
学习感悟	

我的听课笔记

日　　期＿＿＿＿年＿＿月＿＿日　　　地　　点＿＿＿＿＿＿＿＿＿＿

课程名称＿＿＿＿＿＿＿＿＿＿　　　主讲教师＿＿＿＿＿＿＿＿＿＿

上课形式　　□面授课　　　□直播课　　　□网教课

讲课内容	

学习笔记

重点难点	
学习感悟	

网教课记录表

时间	课程名称	提出问题	帖子内容	教师回复

学习笔记

网教课记录表

时间	课程名称	提出问题	帖子内容	教师回复

网教课记录表

时间	课程名称	提出问题	帖子内容	教师回复

网教课记录表

时间	课程名称	提出问题	帖子内容	教师回复

论文指导课

日　　期＿＿＿＿年＿＿＿月＿＿＿日　　　地　　点＿＿＿＿＿＿＿＿＿＿＿＿＿＿

上课形式　　　　□面授课　　　　□直播课

讲课内容	

重要须知	
答疑解惑	

结　束　语

启程，才会到达*彼岸*；
拼搏，才能获得*成功*。

　　亲爱的同学们，你们即将开启人生新的旅程，愿你们在工作岗位上学以致用、屡创佳绩，欢迎常回家看看，母校永远是你们人生充电续航的港湾！

你的自我控制力强吗？

心理小测试

结果分析：

选择 A：
　　喜欢生活中有刺激性的事物，但当计划受挫时，情绪就有大的波动。

选择 B：
　　能自我控制，了解生活中需要什么，具有创造性，有大发明家的潜质。

选择 C：
　　喜欢体力活动，特别是以球队形式比赛的活动，喜欢周围有人旁观，常是社交生活的佼佼者。

选择 D：
　　是能干又有上进心的人，能把事情迅速做完，追求目标时能克服任何障碍。

选择 E：
　　具有社交能力，给人东西超过接受别人的东西。他们爱听别人讲话，也善于与他人沟通。

选择 F：
　　处理问题富有逻辑性、组织性和系统性，对新事物或新思想的出现常持谨慎的态度。

第一学年小结

1. 我设立的学年目标是（　　　　　　　　　　　　　　　　　　），现在完成的进度是（　　　　　　　　　　　　　　　　）。

2. 我学习了（　　）门课程，让我最受益的课程是（　　　　　　　　　　　　）。

3. 我参加了（　　　　）社团，收获了（　　　　　　　　　）能力。

4. 我参加了（　　　　）次音乐欣赏日，它带给我的感受是（　　　　　　　　　　）。

5. 我参加了（　　　　）次养生日，它带给我的益处是（　　　　　　　　　　）。

6. 我参加了（　　　　　　　　）运动项目，取得的成绩是（　　　　　　　　　　　　　　　　　　）。

7. 我参加了（　　　　）次读书日，喜欢的书是（　　　　　　　　　　）；对我的启示是（　　　　　　　　　　　　　　　　　　）。

8. 我参加了（　　　　）次团队活动，它们分别是（　　　　　　　　　　　　　　　），最大的收获是（　　　　　　　　　　　　）。

9. 我参加了（　　　　）次公益日，去的地方是（　　　　　　　　　　），活动主题是（　　　　　　　　　　）；我的感悟是（　　　　　　　　　　　　）。

10. 我参加了（　　　　）次游学日，我所到过的城市是（　　　　　　　　　　），给我印象最深的是（　　　　　　　　　　　　　　　　　　）。

11. 我参加了（　　　　）场讲座/论坛，其中，感触最大的是（　　　　　　　　　　　　　　　　　　　　　　　　　）。

12. 我参加了（　　　　）次摄影日，我的作品是（　　　　　　　　　　）；我最欣赏的作品是（　　　　　　　　　　　　　　　　）。

本学年你还有什么收获和感悟，请记录下来吧！

以史为鉴可以知兴替，
以人为鉴可以明得失。

结束语

第二学年小结

1. 我设立的学年目标是（　　　　　　　　　　　　　　　　），现在完成的进度是（　　　　　　　　　　　　　　　）。

2. 我学习了（　　　）门课程，让我最受益的课程是（　　　　　　　　　　　）。

3. 我参加了（　　　　　）社团，收获了（　　　　　　　　）能力。

4. 我现在已经完成了（　　　）本书的阅读，在阅读过的书籍中，我最喜欢书是（　　　　　　　　），它给我的感悟是（　　　　　　　　　　　　　）。

5. 我参加了（　　　　　　　　　）运动项目，取得的成绩是（　　　　　　　　　　　　　　　）。

6. 我参加了（　　　）次观影日活动，我最喜欢的影片是（　　　　　　　　　　）。它带给我的感受是（　　　　　　　　　　　　）。

8. 我参加了（　　　）次团队活动，它们分别是（　　　　　　　　　　），最大的收获是（　　　　　　　　　　　　　　　）。

9. 我认识了（　　　）位老师，我喜欢的老师有（　　　　　　　　　　　　），我从他们身上学到了（　　　　　　　　　　　　　）。

10. 我结识了（　　　）位朋友，给我留下最深刻印象的是（　　　　　　　　　　）。

11. 我参加了（　　　）场画展欣赏日活动，其中，印象最深刻的一幅画是（　　　　　　　　　　　　　　　）。

12. 我参加了（　　　）次破冰日，它带给我的感受是（　　　　　　　　　　）。

本学年你还有什么收获和感悟，请记录下来吧！

故立志者，为学之心也；

为学者，立志之事也。

对比清单

结束语

（每个选项如果做得非常好 3 分，一般 2 分，不好 1 分，看看你的分数是否有变化）

生活

	入学前	入学后
认真地对待生活中的每一天，不再抱怨，努力拼搏		
好好地利用碎片时间充实自己，而不是虚度光阴		
对生活抱最大的希望，尽最大的努力，做最全的准备		
如果做任何事都能够全力以赴，结果一定会让自己满意		
面对挫折不自怨自艾，找到原因争取下一次成功		

工作

	入学前	入学后
每天早晨开始工作前鼓励自己今天要好好地完成工作		
有秩序地安排自己一天的工作		
每做一件工作，保持高度的注意力，但中间要有适当休息		
每天下午四点钟用一小段时间总结今天的工作收获		
每天利用一个小时的零碎时间学习新的专业知识		

健康

	入学前	入学后
严格遵循健康的作息时间		
合理搭配每天的食物、营养均衡		
每日进行有氧运动，如散步、慢跑、骑行		
善于控制情绪，保持心态健康		

爱情

	入学前	入学后
每天至少发一个信息问候爱人并记住对方说过的重要的话		
每月至少两次约会或者做一件有意义的事情		
记住重要的纪念日、不定时送给爱人一个礼物作为惊喜		

家庭

	入学前	入学后
每周至少给父母打两次电话		
如果和家人分开，尽可能每月回家看望父母		
保持每隔一段时间和身边重要的亲戚联系		

朋友

保持和重要朋友、同学的联系		
参加公司的集体活动,不定时与同事增进感情		
参加社交活动,结识优秀朋友		

能力

善于总结失败或者错误,找到正确的解决办法		
练习口语表达能力		
每月至少看一本有意义的图书		
关注国家大事、实事要事		

未来

人最宝贵的是生命,要珍惜生命,爱惜身体		
应把欲望变成愿望,把愿望转为目标,把目标付诸实干		
不要奔走在现实的洪流中忘了亲人,家是最安全、温暖的港湾		

你的测评成绩

结果分析:

70 分及以上

你是一个积极乐观、热爱生活的人,你对待家人非常好,也一定是一个好伴侣,在工作中有方法、领导赏识,在人群中一定是一个闪闪发光的人,身边的人都爱与你做朋友。

51～69 分

你是一个慢热型的人,习惯于被动接受,没有太多的主见,在工作中可以按部就班但缺乏创新,总是忽略身边人的感受,如果能够再主动一些,相信一定能够交到更多的朋友,让生活变得更加丰富多彩。

50 分及以下

你是一个有点内向孤僻的人,可能生活的不如意和工作的压力让你喘不过气,需要积极起来,充实自己,多与家人、爱人、朋友沟通,在工作中肯吃苦、多学习,相信你一定会越来越好的。

通信录

姓　　名＿＿＿＿＿＿＿＿＿＿＿＿＿　　年级专业＿＿＿＿＿＿＿＿＿＿＿＿＿
手 机 号＿＿＿＿＿＿＿＿＿＿＿＿＿　　微 信 号＿＿＿＿＿＿＿＿＿＿＿＿＿
工作单位＿＿＿＿＿＿＿＿＿＿＿＿＿＿＿＿＿＿＿＿＿＿＿＿＿＿＿＿＿＿＿＿
电子邮箱＿＿＿＿＿＿＿＿＿＿＿＿＿＿＿＿＿＿＿＿＿＿＿＿＿＿＿＿＿＿＿＿

姓　　名＿＿＿＿＿＿＿＿＿＿＿＿＿　　年级专业＿＿＿＿＿＿＿＿＿＿＿＿＿
手 机 号＿＿＿＿＿＿＿＿＿＿＿＿＿　　微 信 号＿＿＿＿＿＿＿＿＿＿＿＿＿
工作单位＿＿＿＿＿＿＿＿＿＿＿＿＿＿＿＿＿＿＿＿＿＿＿＿＿＿＿＿＿＿＿＿
电子邮箱＿＿＿＿＿＿＿＿＿＿＿＿＿＿＿＿＿＿＿＿＿＿＿＿＿＿＿＿＿＿＿＿

姓　　名＿＿＿＿＿＿＿＿＿＿＿＿＿　　年级专业＿＿＿＿＿＿＿＿＿＿＿＿＿
手 机 号＿＿＿＿＿＿＿＿＿＿＿＿＿　　微 信 号＿＿＿＿＿＿＿＿＿＿＿＿＿
工作单位＿＿＿＿＿＿＿＿＿＿＿＿＿＿＿＿＿＿＿＿＿＿＿＿＿＿＿＿＿＿＿＿
电子邮箱＿＿＿＿＿＿＿＿＿＿＿＿＿＿＿＿＿＿＿＿＿＿＿＿＿＿＿＿＿＿＿＿

姓　　名＿＿＿＿＿＿＿＿＿＿＿＿＿　　年级专业＿＿＿＿＿＿＿＿＿＿＿＿＿
手 机 号＿＿＿＿＿＿＿＿＿＿＿＿＿　　微 信 号＿＿＿＿＿＿＿＿＿＿＿＿＿
工作单位＿＿＿＿＿＿＿＿＿＿＿＿＿＿＿＿＿＿＿＿＿＿＿＿＿＿＿＿＿＿＿＿
电子邮箱＿＿＿＿＿＿＿＿＿＿＿＿＿＿＿＿＿＿＿＿＿＿＿＿＿＿＿＿＿＿＿＿

姓　　名＿＿＿＿＿＿＿＿＿＿＿＿＿　　年级专业＿＿＿＿＿＿＿＿＿＿＿＿＿
手 机 号＿＿＿＿＿＿＿＿＿＿＿＿＿　　微 信 号＿＿＿＿＿＿＿＿＿＿＿＿＿
工作单位＿＿＿＿＿＿＿＿＿＿＿＿＿＿＿＿＿＿＿＿＿＿＿＿＿＿＿＿＿＿＿＿
电子邮箱＿＿＿＿＿＿＿＿＿＿＿＿＿＿＿＿＿＿＿＿＿＿＿＿＿＿＿＿＿＿＿＿

通信录

姓　　名 _____　　年级专业 _____
手 机 号 _____　　微 信 号 _____
工作单位 _____
电子邮箱 _____

姓　　名 _____　　年级专业 _____
手 机 号 _____　　微 信 号 _____
工作单位 _____
电子邮箱 _____

姓　　名 _____　　年级专业 _____
手 机 号 _____　　微 信 号 _____
工作单位 _____
电子邮箱 _____

姓　　名 _____　　年级专业 _____
手 机 号 _____　　微 信 号 _____
工作单位 _____
电子邮箱 _____

姓　　名 _____　　年级专业 _____
手 机 号 _____　　微 信 号 _____
工作单位 _____
电子邮箱 _____

通信录

姓　　名＿＿＿＿＿＿＿＿＿＿　　年级专业＿＿＿＿＿＿＿＿＿＿
手 机 号＿＿＿＿＿＿＿＿＿＿　　微 信 号＿＿＿＿＿＿＿＿＿＿
工作单位＿＿＿＿＿＿＿＿＿＿＿＿＿＿＿＿＿＿＿＿＿＿＿＿＿
电子邮箱＿＿＿＿＿＿＿＿＿＿＿＿＿＿＿＿＿＿＿＿＿＿＿＿＿

姓　　名＿＿＿＿＿＿＿＿＿＿　　年级专业＿＿＿＿＿＿＿＿＿＿
手 机 号＿＿＿＿＿＿＿＿＿＿　　微 信 号＿＿＿＿＿＿＿＿＿＿
工作单位＿＿＿＿＿＿＿＿＿＿＿＿＿＿＿＿＿＿＿＿＿＿＿＿＿
电子邮箱＿＿＿＿＿＿＿＿＿＿＿＿＿＿＿＿＿＿＿＿＿＿＿＿＿

姓　　名＿＿＿＿＿＿＿＿＿＿　　年级专业＿＿＿＿＿＿＿＿＿＿
手 机 号＿＿＿＿＿＿＿＿＿＿　　微 信 号＿＿＿＿＿＿＿＿＿＿
工作单位＿＿＿＿＿＿＿＿＿＿＿＿＿＿＿＿＿＿＿＿＿＿＿＿＿
电子邮箱＿＿＿＿＿＿＿＿＿＿＿＿＿＿＿＿＿＿＿＿＿＿＿＿＿

姓　　名＿＿＿＿＿＿＿＿＿＿　　年级专业＿＿＿＿＿＿＿＿＿＿
手 机 号＿＿＿＿＿＿＿＿＿＿　　微 信 号＿＿＿＿＿＿＿＿＿＿
工作单位＿＿＿＿＿＿＿＿＿＿＿＿＿＿＿＿＿＿＿＿＿＿＿＿＿
电子邮箱＿＿＿＿＿＿＿＿＿＿＿＿＿＿＿＿＿＿＿＿＿＿＿＿＿

姓　　名＿＿＿＿＿＿＿＿＿＿　　年级专业＿＿＿＿＿＿＿＿＿＿
手 机 号＿＿＿＿＿＿＿＿＿＿　　微 信 号＿＿＿＿＿＿＿＿＿＿
工作单位＿＿＿＿＿＿＿＿＿＿＿＿＿＿＿＿＿＿＿＿＿＿＿＿＿
电子邮箱＿＿＿＿＿＿＿＿＿＿＿＿＿＿＿＿＿＿＿＿＿＿＿＿＿

结束语

通信录

姓　　名＿＿＿＿＿＿＿＿＿＿＿＿　年级专业＿＿＿＿＿＿＿＿＿＿＿＿
手 机 号＿＿＿＿＿＿＿＿＿＿＿＿　微 信 号＿＿＿＿＿＿＿＿＿＿＿＿
工作单位＿＿＿＿＿＿＿＿＿＿＿＿＿＿＿＿＿＿＿＿＿＿＿＿＿＿＿＿＿
电子邮箱＿＿＿＿＿＿＿＿＿＿＿＿＿＿＿＿＿＿＿＿＿＿＿＿＿＿＿＿＿

姓　　名＿＿＿＿＿＿＿＿＿＿＿＿　年级专业＿＿＿＿＿＿＿＿＿＿＿＿
手 机 号＿＿＿＿＿＿＿＿＿＿＿＿　微 信 号＿＿＿＿＿＿＿＿＿＿＿＿
工作单位＿＿＿＿＿＿＿＿＿＿＿＿＿＿＿＿＿＿＿＿＿＿＿＿＿＿＿＿＿
电子邮箱＿＿＿＿＿＿＿＿＿＿＿＿＿＿＿＿＿＿＿＿＿＿＿＿＿＿＿＿＿

姓　　名＿＿＿＿＿＿＿＿＿＿＿＿　年级专业＿＿＿＿＿＿＿＿＿＿＿＿
手 机 号＿＿＿＿＿＿＿＿＿＿＿＿　微 信 号＿＿＿＿＿＿＿＿＿＿＿＿
工作单位＿＿＿＿＿＿＿＿＿＿＿＿＿＿＿＿＿＿＿＿＿＿＿＿＿＿＿＿＿
电子邮箱＿＿＿＿＿＿＿＿＿＿＿＿＿＿＿＿＿＿＿＿＿＿＿＿＿＿＿＿＿

姓　　名＿＿＿＿＿＿＿＿＿＿＿＿　年级专业＿＿＿＿＿＿＿＿＿＿＿＿
手 机 号＿＿＿＿＿＿＿＿＿＿＿＿　微 信 号＿＿＿＿＿＿＿＿＿＿＿＿
工作单位＿＿＿＿＿＿＿＿＿＿＿＿＿＿＿＿＿＿＿＿＿＿＿＿＿＿＿＿＿
电子邮箱＿＿＿＿＿＿＿＿＿＿＿＿＿＿＿＿＿＿＿＿＿＿＿＿＿＿＿＿＿

姓　　名＿＿＿＿＿＿＿＿＿＿＿＿　年级专业＿＿＿＿＿＿＿＿＿＿＿＿
手 机 号＿＿＿＿＿＿＿＿＿＿＿＿　微 信 号＿＿＿＿＿＿＿＿＿＿＿＿
工作单位＿＿＿＿＿＿＿＿＿＿＿＿＿＿＿＿＿＿＿＿＿＿＿＿＿＿＿＿＿
电子邮箱＿＿＿＿＿＿＿＿＿＿＿＿＿＿＿＿＿＿＿＿＿＿＿＿＿＿＿＿＿

相关部门电话

开放学院招生办电话	53648719、53648716		
开放学院学生科电话	88307871		
人文教研室教学秘书电话	53631200	办公地点	主楼 1211
理工教研室教学秘书电话	53620341	办公地点	主楼 1310
学籍电话	53634974	办公地点	主楼 B110
财务窗口	87530368	办公地点	学生服务大厅 9 号窗口
教材中心	88306701	教材领取地点	2 号车库
学生支持服务意见反馈邮箱	kfxy@hrbou.org.cn		

参考书目

[1] 韦秀英. 哈佛凌晨四点半. 北京：时代出版传媒股份有限公司，2015.
[2] 程晓南. 西点军校执行力训练手册. 北京：中国法制出版社，2018.